La Cocina Saludable

de ELOISA

ELOISA FALTONI

Copyright © 2019 Eloisa Faltoni.
Todos los derechos reservados.

www.eloisafaltoni.com
www.ungatoenlacocina.com

ISBN: 9781073176328

La autora de este libro no está afiliada a Haylie Pomroy.

Para todas aquellas personas que desean llevar una alimentación sana, sin renunciar al gusto

Índice

Introducción	VII
Antes de empezar a cocinar	1
Mis desayunos	5
Ensaladas, sopas y otros entrantes	21
Platos principales	47
Snack y merienda	67
Galletas, tartas y otros remedios	79
Recetas básicas e imprescindibles	105
Índice alfabético de recetas	120
Agradecimientos	121
Acerca de mí	122

Introducción

Hablemos de comida saludable: caldo vegetal sin sal, pollo a la plancha sin aceite, verduras hervidas sin aliños... en pocas palabras, comida de hospital.

Esto es lo que la mayoría de las personas imaginan cuando se habla de comida saludable; un plato sin sabor, sin color y sin fantasía. Un plato que lo único que tiene son pocas calorías, 0 grasas y media pizca de sal; porqué siempre nos han enseñado que todo lo que tiene muchas calorías engorda, las grasas tienen mucho colesterol y la sal sube la tensión.

¿Y si yo te dijera que comer saludable no tiene porqué ser así? ¿Que se puede comer sano sin renunciar al gusto?

Sé que parece imposible, pero no lo es. Comer sano puede ser delicioso y divertido, mucho más que comer un dulce industrial o ir a un restaurante de comida rápida. Sólo te hace falta elegir alimentos reales y poco procesados y tener las recetas apropiadas.

Este libro nace justamente con este propósito: proponer recetas fáciles y divertidas, para comer bien sin renunciar a los sabores que más nos gustan. Comer no tiene que ser triste y angustioso, no tiene que hacernos sentir culpables, ni tiene que preocuparnos o estresarnos. Sino todo lo contrario.

Comer tiene que ser una experiencia positiva y alegre, que nos llene de energía, que nos haga sentir satisfechos, relajados y felices. Tiene que ser un placer para nuestro paladar y un beneficio para nuestro cuerpo.

En este libro voy a desvelar esas recetas que yo empleo en mi día a día, para convertir la hora de la comida en un fantástico evento lleno de colores, aromas y sabores; una ocasión para sentirnos bien comiendo bien.

Además, con estas recetas podrás redescubrir la pasión por la cocina y la satisfacción que puede dar realizar un plato súper sano, sea para ti o para tus familiares y amigos.

Muchas veces parece difícil cocinar sano, no pienses que no lo entiendo. Es difícil sobre todo cuando se cocina para más personas. Siempre está el miedo que lo que cocinamos no les guste a los demás, así que acabamos preparando tartas llenas de azúcar y platos llenos de nata y mantequilla.

Nos refugiamos en aquellas recetas que sabemos que van a tener éxito, aunque no sean tan saludables. Me ha pasado montones de veces, hasta que entendí que la mayoría de esos platos que tanto les gustaban a mi familia y a mis amigos los podía hacer de forma más sana y que incluso podía crear nuevas recetas deliciosas sin necesidad de usar harinas refinadas, azúcares, ni otros alimentos poco saludables.

Un perfecto ejemplo son mis rosquillas de manzana y lavanda (receta a pág. 7), las preparé un día para un desayuno con amigos y nadie podía creer que estuvieran tan buenas y no llevaran ni azúcar ni harina blanca común. Desde entonces siempre me piden que las prepare de nuevo.

Hoy en día, se han hecho muchos descubrimientos y estudios sobre la alimentación y, aunque aún queda mucho por saber, una cosa está clara: existen muchísimos ingredientes, llenos de nutrientes y beneficios, que pueden ayudarnos a adaptar recetas de toda la vida a un estilo de vida más sano. Renunciar a harinas refinadas, comidas prefabricadas y azúcares, ya no es tan difícil.

Otra de las razones más comunes para no comer bien es el tiempo, o, mejor dicho, la falta de él. Todos estamos ocupados y no siempre hay tiempo para ponerse a cocinar; así que muchas veces caemos en la tentación de comernos lo primero que vemos, para volver inmediatamente a lo que estábamos haciendo. La verdad que te sorprenderá es que incluso una comida que se prepara en 5 minutos puede ser sana. Pensemos en un bocadillo, una ensalada, un *poke bowl*, incluso unas galletas, todas estas pueden ser comidas saludables y perfectas para ahorrar tiempo.

Este libro no es solo un recetario, es la ocasión perfecta para empezar a cuidar de verdad tu alimentación y la de tu familia, la ocasión para renunciar a los alimentos ultra procesados y, al mismo tiempo, descubrir nuevamente los auténticos sabores de la comida real. Sin aditivos, sin azúcares, sin grasas innecesarias, sólo con ingredientes de calidad.

En este libro, encontrarás 65 recetas, fáciles de hacer y divertidas, perfectas para tu día a día, para un picapica con los amigos, incluso para una celebración con tu familia.
65 recetas para una vida más sana, algunas inspiradas en recetas de diferentes países otras innovadoras y originales.

Además, muchas de estas recetas son compatibles con una alimentación vegetariana, vegana o sin gluten.

Ahora, arremángate que vamos a cocinar.

Eloisa Laltoni

P.D. ¿Sigues la Dieta del Metabolismo Acelerado?

La Dieta del Metabolismo Acelerado o DMA es una dieta creada por la nutricionista americana Haylie Pomroy; si sigues esta dieta podrás disfrutar igualmente de las recetas de este libro ya que todas son compatibles con la Dieta del Metabolismo Acelerado. La mayoría de las recetas del libro son compatibles con las tres fases de la dieta, mientras algunas son solo para mantenimiento.

Al final de cada uno de los capítulos, hay una tabla que indica en qué fase se permiten las recetas de ese capítulo y a cuantas porciones corresponden.

Las porciones indicadas son para perder -10 kg.
Recuerda que si quieres perder +10 kg, debes añadir media porción más.

Antes de empezar a cocinar

Las recetas de este libro no solo son muy golosas y saludables, sino que también son fáciles de preparar y, en su mayoría, son muy rápidas, para que puedas usarlas en tu día a día, como hago yo. Además, todas han sido testeadas sobre mi familia y mis amigos, y han tenido éxito en cualquier situación.
Antes de empezar a prepararlas, te recomiendo que leas este capítulo en el que te voy a dejar algún consejo e información que te va a ser útil a la hora de ponerte a cocinar.

1. Tiempos de preparación y cocción

En todas las recetas del libro se especifican claramente tanto el tiempo de preparación como el de cocción, pero es importante tener siempre presente que los tiempos son aproximados ya que cada cocina y cada horno son diferentes. Por lo cual, antes de sacar cualquier preparación del horno, asegúrate que esté cocido: usa un palillo o un tenedor para pinchar la masa, si el palillo sale limpio, la masa está cocida, si no es así, necesita un poco más de tiempo en el horno.

2. Ingredientes y sustituciones

Cada uno tiene sus gustos personales, así como cada país tiene sus propios alimentos.
La mayoría de las recetas de este libro están pensadas para facilitarte la vida y para ser usadas en tu día a día: si un alimento no te gusta o no lo encuentras, no te preocupes.
Lo mejor es simplemente sustituir ese alimento en concreto por otro del mismo tipo, que tenga características similares.

Ejemplos: en mi receta de *Porridge de teff*, se puede sustituir este original cereal por otro más común como la avena o el arroz integral, se puede usar incluso quinoa;
lo mismo con las harinas, por ejemplo, en mi receta de *Strudel crujiente de kamut*, puedes sustituir la harina de kamut por otra distinta como la harina de espelta;
lo mismo con las verduras, por ejemplo, en mi receta de *Noodles con verduras de primavera*, puedes cambiar los tirabeques por judías verdes;
y lo mismo con el resto de los ingredientes, en el resto de las recetas.

Esta es la lista completa de ingredientes usados en las recetas de este libro:

Cereales, Harinas y otros granos

- [ ] Arroz integral
- [ ] Quinoa, quinua
- [ ] Teff
- [ ] Espelta, en grano entero
- [ ] Tapioca en perlas
- [ ] Noodles de arroz integral, fideos
- [ ] Harina de avena
- [ ] Harina de Kamut
- [ ] Harina de cebada
- [ ] Harina de quinoa
- [ ] Harina de tapioca
- [ ] Harina de centeno
- [ ] Harina de arroz integral
- [ ] Harina de sorgo
- [ ] Harina de mijo
- [ ] Harina de teff
- [ ] Harina de trigo sarraceno
- [ ] Avena, en copos, arrollada
- [ ] Centeno, en copos, arrollado
- [ ] Salvado de avena
- [ ] Papel de arroz, de 26 centímetros
- [ ] Leche de avena
- [ ] Leche de arroz

Especias y otros condimentos

- [ ] Stevia
- [ ] Xilitol de abedul
- [ ] Azúcar de coco
- [ ] Malta, sustituto café
- [ ] Harina de algarroba
- [ ] Especias variadas y pasta de curry verde
- [ ] Pasta y nibs de cacao
- [ ] Cacao crudo en polvo
- [ ] Levadura de panadería
- [ ] Arrurruz en polvo
- [ ] Levadura de repostería bicarbonato + c. tártaro
- [ ] Psyllium husk, opcional
- [ ] Agar agar en polvo
- [ ] Vinagre, varios tipos
- [ ] Salsa Tamari
- [ ] Mostaza
- [ ] Pepinillos y alcaparras
- [ ] Pulpa de p. choricero
- [ ] Concentrado de tomate
- [ ] Shirataki de konjac, miracle noodles

Verduras

- [ ] Setas mixtas, hongos
- [ ] Espárragos trigueros
- [ ] Cebolla, fresca y en polvo
- [ ] Calabaza, zapallo
- [ ] Algas secas mixtas
- [ ] Lechuga, varios tipos
- [ ] Espinacas
- [ ] Tomate
- [ ] Rabanito
- [ ] Pimiento, varios colores
- [ ] Pepino
- [ ] Rúcula
- [ ] Brócoli
- [ ] Judías verdes, chauchas, ejotes
- [ ] Col lombarda, repollo morado
- [ ] Calabacín, zapallito, zucchini
- [ ] Remolacha, betabel
- [ ] Tirabeques, arvejas chinas, bisaltos
- [ ] Zanahoria
- [ ] Boniato, camote, batata
- [ ] Apio
- [ ] Brécol, romanesco
- [ ] Germinados mixtos
- [ ] Pak choy, bok choy
- [ ] Puerro, poro
- [ ] Champiñones
- [ ] Kale, col rizada, repollo rizado
- [ ] Berenjenas
- [ ] Canónigos

Frutas

- [ ] Manzana
- [ ] Pomelo rosa, toronja rosa
- [ ] Naranja
- [ ] Arándano azul
- [ ] Arándano rojo
- [ ] Fresa, frutilla
- [ ] Lima
- [ ] Limón
- [ ] Plátano, banana

Proteínas de origen animal

- [ ] Huevos
- [ ] Claras de huevo
- [ ] Pollo
- [ ] Atún al natural
- [ ] Salmón ahumado
- [ ] Tocino de pavo (sin nitritos ni nitratos)
- [ ] Fletán, halibut
- [ ] Mejillones
- [ ] Bacalao
- [ ] Gambas, camarones

Grasas saludables

- [ ] Leche de coco en cartón
- [ ] Leche de coco en lata
- [ ] Leche de almendras
- [ ] Leche de avellana
- [ ] Leche de anacardo
- [ ] Tahina, crema de sésamo
- [ ] Crema de almendras crudas
- [ ] Aceite de coco, virgen y desodorizado
- [ ] Aceite de lino, crudo
- [ ] Aceite de oliva, virgen extra
- [ ] Nueces crudas
- [ ] Almendras crudas
- [ ] Avellanas crudas
- [ ] Piñones crudos
- [ ] Coco rallado
- [ ] Harina de almendras
- [ ] Harina de coco
- [ ] Aguacate, palta
- [ ] Anacardos crudos, cajú, semillas de marañón
- [ ] Sésamo, ajonjolí crudo
- [ ] Semillas de amapola
- [ ] Semillas de lino, linaza
- [ ] Semillas de cáñamo
- [ ] Leche merengada vegana
- [ ] Mayonesa casera

Proteínas de origen vegetal

- [ ] Harina de garbanzos
- [ ] Lentejas
- [ ] Garbanzos
- [ ] Tofu
- [ ] Tempeh

3. Celíacos, vegetarianos y veganos

En este libro, he incluido muchas recetas aptas para celíacos, vegetarianos y veganos. Cada una de las recetas tiene diferentes símbolos para indicar con qué tipo de alimentación son compatibles. Estos son los símbolos:

 Sin gluten    Vegetariano    Vegano

Nota: algunas de las recetas en este libro, calificadas como sin gluten, contienen avena ya que, hoy en día, se puede encontrar avena certificada sin gluten.

4. Medidas y conversiones

Todas las recetas del libro están expresadas en las medidas estándares de tazas y cucharas medidoras, por lo cual recomiendo tener un set completo. La medición de los ingredientes será mucho más fácil. Esta es la tabla de conversiones:

			Milímetros
1 taza	16 cucharadas	48 cucharaditas	240 ml
¾ taza	12 cucharadas	36 cucharaditas	180 ml
½ taza	8 cucharadas	24 cucharaditas	120 ml
¼ taza	4 cucharadas	12 cucharaditas	60 ml
⅛ taza	2 cucharadas	6 cucharaditas	30 ml
1/16 taza	1 cucharada	3 cucharaditas	15 ml

5. Utensilios

La mayoría de las recetas de este libro no requieren utensilios de cocina muy especiales. Los utensilios menos comunes usados en este libro son el molde para rosquillas, que puedes sustituir con un molde para magdalenas en caso de necesidad; y el termómetro de cocina, que puedes omitir si no lo tienes.

6. Abreviaciones

En general, no suelo usar mucho las abreviaciones en las recetas, para que la lectura y compresión del texto sean más fluidas. Aun así, en este libro, he decidido abreviaciones en algún punto, para aprovechar mejor el espacio. Estas son las abreviaciones presentes:

cda = cucharada   cdta = cucharadita   uds = unidades

7. Levadura de repostería

Si bien la levadura de repostería se puede comprar, personalmente prefiero hacerla yo misma mezclando bicarbonato y cremor tártaro en partes iguales. El resultado es perfecto y, de esta forma, me aseguro no estar consumiendo los almidones y azúcares que normalmente contienen las levaduras químicas industriales.

Mis desayunos

Rosquillas de manzana y lavanda

PORCIONES: *8 uds.*   PREPARACIÓN: *10 min.*   COCCIÓN: *25 - 35 min.*

1 taza de harina de kamut integral
2 manzanas Golden
3 claras de huevo
½ taza de leche de avena
3 cucharadas de xilitol o stevia
1 cdita de levadura de repostería
1 cucharadita de lavanda seca

Para el glaseado:
1 limón
2 cucharadas de agua
1 cucharadita de arrurruz en polvo o harina de tapioca
2 cucharadas de xilitol de o stevia
Lavanda seca, para decorar

1. Empieza precalentando el horno a 190 °C.

2. En un bol grande, mezcla la harina de kamut, el edulcorante y la levadura.

3. En otro bol, bate las claras sólo hasta que se forme espuma por encima.

4. Prepara un bol grande con agua fría y el zumo de ½ limón; lava bien las manzanas: una córtala en trocitos pequeños y déjala en el bol con agua para que no se oxide; la otra, córtala en trozos más grandes y hazla puré con tu batidora.

5. Agrega el puré de manzana y las claras a la harina y mezcla bien hasta que quede una masa uniforme. Si la masa queda muy seca, añade leche de avena.

6. Escurre bien la manzana e incorpórala a la masa con la lavanda seca y mezcla.

7. Rellena los moldes de rosquillas con la masa, hasta ¾, no los llenes del todo. Los moldes ideales son para rosquillas de unos 8 o 10 cm aproximadamente.

8. Hornea las rosquillas entre 25 y 35 minutos, hasta que estén doradas por encima. Antes de sacarlas del horno, pincha una, para ver si está hecha.

9. Mientras las rosquillas están en el horno prepara la cobertura de limón: exprime ½ limón y pon el jugo en una olla pequeña, junto con el edulcorante.

10. Mezcla el arrurruz con el agua, asegurándote que no se formen grumos y vierte la mezcla en el zumo de limón y caliéntala a fuego bajo. Deja hervir dos minutos.

11. Cuando las rosquillas estén hechas, sácalas del horno y déjalas enfriar.

12. Cubre las roquillas con un poco de glaseado y decora con lavanda.

Barritas de malta con arándanos

PORCIONES: *8 barritas*   PREPARACIÓN: *5 min.*   COCCIÓN: *35 - 40 min.*

½ taza de harina de cebada
½ taza de avena en copos, arrollada
3 cucharadas de malta
½ taza de leche de avena
½ cucharadita de canela en polvo
3 cucharadas de xilitol o stevia

¼ taza de salvado de avena
½ manzana Fuji
½ taza de arándanos azules
1 cucharadita de cacao crudo en polvo
½ cucharadita de levadura de repostería

1. Precalienta el horno a 180 °C.

2. Separa 2 cucharadas de avena para decorar y tritura el resto en una batidora.

3. En un bol grande, mezcla la harina de cebada, el salvado, la avena triturada, la malta, la canela, el cacao, el edulcorante y la levadura.

4. Pela la manzana y hazla puré con la ayuda de una batidora.

5. Añade el puré de manzana y la leche de avena a la mezcla de harinas y mezcla bien hasta obtener una masa homogénea. Si la masa queda demasiado densa, añade un poco de leche de avena.

6. Añade los arándanos a la masa y mezcla de nuevo.

7. Vierte la masa en un molde rectangular de 21 x 27 cm.

8. Con una espátula, aplana bien la superficie y decora con las 2 cucharadas de avena que has reservado al principio.

9. Hornea durante 35 - 40 minutos. Deja enfriar fuera del horno.

10. Cuando el preparado esté frío, córtalo en 8 barritas de iguales medidas.

Nota: En todas las recetas en las que son necesarios moldes, siempre especifico la medida y la forma de los moldes que utilizo, si no tienes algunos de los moldes, no te preocupes, elige un molde que tengas en casa, el que seas más similar al indicado en la receta.

En general, yo uso siempre moldes de silicona, para que no se peguen las preparaciones. La única excepción es las recetas de los cheesecake, en las cuales uso moldes de metal desmontables.

Porridge de teff con manzana caliente

PORCIONES: *1 persona*   PREPARACIÓN: *5 min.*   COCCIÓN: *20 min.*

⅓ taza de teff, crudo
¼ taza de leche de arroz
1 ¼ taza de agua

1 manzana Golden o Fuji
1 cucharadita de canela en polvo
1 ½ cucharadas de xilitol o stevia

1. Remoja el teff en agua durante la noche.

2. Por la mañana, cuela el teff usando un colador de malla fina y ponlo en una cazuela, junto con 1 taza de agua, leche de arroz, canela y edulcorante.

3. Cuece el teff a fuego medio durante 20 minutos, removiendo de vez en cuando, para que no se pegue. Si es necesario, añade un poco más de agua.

3. Mientras tanto, lava bien la manzana, córtala en trocitos pequeños, ponlos en una cazuelita con ¼ taza de agua y cuece a fuego lento unos minutos, sin hervir.

4. Cuando el teff esté hecho, retira del fuego y sírvelo en un bol con los trozos de manzana encima. Si quieres, espolvorea un poco de canela en polvo.

Pudding de tapioca con arándanos rojos

PORCIONES: *2 personas*   PREPARACIÓN: *10 min.*   COCCIÓN: *15 min.*

½ taza de perlas de tapioca pequeñas
1 taza de leche de coco en cartón
2 cucharadas de crema de almendras

3 cucharadas de xilitol o Stevia
3 tazas de agua
1 taza de arándanos rojos

1. En una olla grande, pon el agua a calentar, y cuando hierva añade la tapioca en perlas. Cuece sin dejar de remover, durante 15 minutos o hasta que la tapioca sea transparente.

2. Mientras tanto, en una olla más pequeña, calienta la leche de coco con el edulcorante que prefieras. Cuando hierva, apaga el fuego y reserva.

3. Cuela la tapioca con un colador de malla fina y enjuágala con agua fría.

4. Mezcla la tapioca con la leche de coco y la crema de almendras y sirve el pudding en dos copas o vasos. Deja enfriar en la nevera un par de horas.

5. Cuando el pudding esté bien frío, añádele por encima los arándanos.

Breakfast autumn casserole 🌿

PORCIONES: *1 casserole*   PREPARACIÓN: *20 min.*   COCCIÓN: *35 min.*

½ taza de centeno en copos, arrollado
o avena en copos, arrollada
¼ taza de puré de calabaza

1 manzana Fuji
½ cucharadita de bicarbonato
1 cucharadita de zumo de limón

1. Precalienta el horno a 180 °C.

2. Trocea la calabaza, ponla en una olla con agua y hiérvela unos 10 o 15 minutos, hasta que esté cocida.

3. Con la ayuda de una batidora, muele un poco los copos de centeno o avena y luego ponlos en un bol grande. No hace falta molerlos hasta que queden como harina.

4. Cuando la calabaza esté cocida, escúrrela bien. Pela, trocea y tritura la manzana y la calabaza cocida, hasta transformarlas en puré.

5. Pon el puré en el bol con los copos molidos, añade el zumo de limón y el bicarbonato y mezcla bien hasta crear una masa húmeda y homogénea.

6. Vierte la masa en una cazuela de cerámica individual, apta para horno, o en un molde de silicona individual (de 10 o 12 cm) y aplana la superficie con una espátula.

7. Hornea durante 35 - 40 minutos, hasta que la superficie esté dorada.

8. Saca la cazuela del horno, y déjala enfriar unos 10 minutos.

Smoothie de plátano y algarroba

PORCIONES: *1 smoothie* PREPARACIÓN: *2 min.* COCCIÓN: -

1 plátano
1 cucharadita de canela en polvo
1 cucharadita de nibs de cacao, opcional

1 cucharada de harina de algarroba
½ taza de leche de coco casera o en cartón
1 cucharada de tahina

1. Pela el plátano y cortarlo en trocitos.

2. Pon en el vaso de la batidora todos los ingredientes, excepto los nibs de cacao, y bátelos hasta que quede un smoothie perfectamente homogéneo y cremoso.

3. Sirve el smoothie en un vaso alto, con 1 cucharadita de nibs de cacao por encima.

Smoothie de fresas con merengue italiano

PORCIONES: *1 smoothie*   PREPARACIÓN: *2 min.*   COCCIÓN: -

Para el smoothie:
1 taza de fresas
½ taza de avena en copos, arrollada
½ cucharadita de canela en polvo
3 - 4 gotas de stevia, opcional
¼ taza de agua

Para el merengue:
1 clara de huevo
1 cucharada de agua
2 cucharadas de xilitol de abedul
¼ cucharadita de
cremor tártaro, opcional

1. Opcionalmente, la noche anterior puedes remojar la avena, sobre todo si tienes problemas para digerirla. Lava bien las fresas y córtalas en trozos.

2. Pon en el vaso de la batidora todos los ingredientes para el smoothie, y bátelos hasta que quede un smoothie perfectamente homogéneo.

3. Para preparar el merengue italiano, sigue las instrucciones en la página 118.

4. Sirve el smoothie en un vaso alto, con el merengue por encima. Espolvorea un poco de canela por encima, si quieres.

Tortitas veganas con frutos secos y arándanos

PORCIONES: *2 personas*   PREPARACIÓN: *2 min.*   COCCIÓN: *5 min.*

¼ taza de harina de cebada
½ taza de harina de garbanzos
½ taza de leche de almendras
2 cucharadas de xilitol o Stevia
2 cucharadas de nueces crudas

1 taza de arándanos azules
3 cucharadas de crema de almendras
1 cucharadita de xilitol o stevia
½ cdta de levadura de repostería

1. En el vaso de la batidora, mezcla las harinas, el edulcorante y la levadura y añade poco a poco la leche de almendras. Si es necesario añade agua.

2. Calienta una sartén antiadherente; forma cada tortita con un par cucharadas de masa, con el dorso de la cuchara intenta darles una forma redonda.

3. Cuece las tortitas a fuego lento; cuando se formen muchas burbujitas sobre la masa, dales la vuelta y cuece por el otro lado, un minuto más.

4. Sirve las tortitas con crema de almendras, nueces troceadas y arándanos.

Tortitas de almendras con cacao nibs

PORCIONES: *2 personas*   PREPARACIÓN: *2 min.*   COCCIÓN: *5 - 6 min.*

¼ taza de harina de quinoa
3/8 taza de harina de almendras
1 huevo entero
2 - 4 cucharadas de leche de almendras

2 cucharadas de xilitol o stevia
½ cdta de levadura de repostería
2 cucharadas de almendras laminadas
2 cucharadas de cacao nibs

1. En un bol grande, mezcla las harinas, el edulcorante y la levadura.

2. Bate el huevo y únelo a las harinas; añade leche de almendras hasta que quede una mezcla homogénea y lisa.

3. Calienta una sartén antiadherente y forma tus toritas con 1 ½ - 2 cucharada(s) de masa cada una, con el dorso de la cuchara intenta darles una forma redonda.

4. Cuécelas a fuego medio, un par de minutos por cada lado.

5. Sirve las tortitas con las almendras troceadas y los nibs de cacao por encima.

Muffins de algarroba, coco y aguacate

PORCIONES: *4 porciones* PREPARACIÓN: *5 min.* COCCIÓN: *30 - 40 min.*

½ taza de harina de quinoa
½ taza de harina de coco
3 cucharadas de aceite de coco virgen
1 cdta de levadura de repostería
½ taza de leche de coco en cartón

5 cucharadas de harina de algarroba
½ aguacate
¼ taza de harina de garbanzos
5 cucharadas de xilitol o stevia

1. Precalienta el horno a 180 °C.

2. En el vaso de la batidora, mezcla las harinas, el edulcorante, la levadura y el aguacate. Añade poco a poco la leche de coco y el aceite, mientras bates.

3. Cuando tengas una mezcla perfectamente homogénea, prepara una bandeja de silicona para muffins o una de metal con moldes de papel y reparte la mezcla

4. Hornea los muffins entre 30 y 40 minutos. Antes de sacarlos del horno, pincha uno con un palillo para asegurarte que están cocidos.

Si sigues la DMA: Mis desayunos

Rosquillas de manzana y lavanda	fase 1	4 porciones de grano 2 porciones de fruta 1 porción de proteína
Barritas de malta con arándanos	fase 1 y 3	1 porción de fruta F1: 4 porciones de grano F3: 8 porciones de grano
Porridge de teff con manzana caliente	fase 1	1 porción de grano 1 porción de fruta
Pudding de tapioca con arándanos rojos	fase 3	1 porción de fruta 2 porciones de grano 2 porciones de grasa
Breakfast autumns casserole	fase 1 y 3	1 porción de grano 1 porción de fruta
Smoothie de plátano y algarroba	mantenimiento	1 porción de grasa 1 porción de fruta
Smoothie de fresa con merengue italiano	fase 1	1 porción de grano 1 porción de fruta ⅓ porción de proteína
Tortitas veganas con frutos secos y arándanos	fase 3	1 porción de fruta 2 porciones de grano 2 porciones de grasa 2 porciones de proteína
Tortitas de almendras con cacao nibs	fase 3	1 porción de proteína 2 porciones de grano 2 porciones de grasa
Muffins de algarroba, coco y aguacate	fase 3	4 porciones de grano 4 porciones de grasa 1 porción de proteína

Ensaladas, sopas y otros entrantes

Áspic verde vegano

PORCIONES: *2 personas* PREPARACIÓN: *25 min.* COCCIÓN: *10 min.*

10 espárragos trigueros
½ cebolla
1 diente de ajo
1 cda de algas secas mixtas, opcional
1 lima verde, solo la piel
Sal rosa del Himalaya o marina

½ taza de judías verdes
½ taza de ramas y tallos de brócoli
3 tazas de caldo de verduras
2 pepinillos en vinagre
1 cucharada de agar agar en polvo
1 cdta de vinagre de sidra de manzana

1. Separa la base de los espárragos utilizando un cuchillo o partiéndolos con las manos. Elimina la extremidad superior de las judías verdes. Y pela la cebolla.

2. Lava bien todas las verduras bajo abundante agua fría y trocéalas en rodajas pequeñas, de 1 o ½ centímetro aproximadamente. No te olvides de quitarle la piel externa al tallo del brócoli.

3. Prepara una olla grande con abundante agua y un poco de sal y ponla a hervir. Prepara también un bol grande con agua fría y algún cubito de hielo para interrumpir la cocción de las verduras.

3. Cuando el agua esté hirviendo, añade las verduras en este orden: primero los tallos y las ramas del brócoli 3 minutos, después añade las judías verdes, los espárragos y la cebolla y cuece todo junto 5 o 6 minutos más.

4. Escurre las verduras, y ponlas en el bol con agua y hielo. Reserva.

5. En una olla, pon a calentar el caldo con el agar agar y deja hervir al menos 1 minuto. Retira del fuego y añade el vinagre.

6. Mientras tanto pica el ajo y los pepinillos y ralla la piel de una lima.

7. Escurre bien las verduras y empieza a montar tu áspic, puedes hacerlo en un único gran molde o en varios moldes individuales, según prefieras. Recomiendo en cualquier caso los moldes de silicona.

8. En un bol, mezcla las verduras con el ajo, los pepinillos, la piel de lima y las algas. Reparte las verduras en los moldes y añade el caldo hasta cubrir completamente. Una vez que esté frío, dejar en la nevera al menos 4 horas o hasta el momento de servir. Desmoldar con atención antes de servir.

Ensalada de fresas con vinagreta

PORCIONES: *1 ensalada*   PREPARACIÓN: *5 min.*   COCCIÓN: -

1 taza de canónigos u otra lechuga
1 taza de fresas
½ taza de espinacas
½ taza de tomatitos
½ taza de zanahorias
3 o 4 rabanitos

Para la vinagreta:
3 cucharadas de vinagre balsámico de Módena
1 cucharada de mostaza
½ cucharadita de cebolla en polvo
Sal rosa del Himalaya o marina

1. Lava bien las verduras y las fresas. Cortar los rabanitos en rodajas finas, los tomatitos por la mitad y las fresas en cuartos. Si has elegido una lechuga de hoja grande como la romana, por ejemplo, córtala también.

2. Monta la ensalada colocando la lechuga y por encima las verduritas y las fresas.

3. Prepara la vinagreta juntando todos los ingredientes en un bol pequeño y mezclando con energía. Aliña la ensalada con la vinagreta y sirve.

Ensalada fresca de atún

PORCIONES: *1 persona* PREPARACIÓN: *5 min.* COCCIÓN: -

1 taza de espinacas baby
85 gr. de atún al natural
½ limón
Sal rosa del Himalaya o marina

½ pimiento rojo
½ pimiento amarillo
½ pimiento verde
¼ de cebolla

1. Lava bien las verduras y escurre el atún al natural.

2. Corta las hojas espinacas y la cebolla en tiras finas y los tres tipos de pimientos en cuadraditos.

3. Monta la ensalada colocando una base de espinacas y atún y por encima los pimientos y la cebolla.

4. Aliña la ensalada con un poco de sal y el zumo de medio limón.

Ensalada con sésamo blanco y negro

PORCIONES: *1 persona*   PREPARACIÓN: *5 min.*   COCCIÓN: -

1 taza de lechuga mixta
1 pomelo rosa
½ taza de pepinos baby
1 cucharadita de sésamo blanco crudo
1 cucharadita de sésamo negro crudo

½ taza de rúcula
½ remolacha cocida
1 cda de aceite de oliva virgen extra
Sal rosa del Himalaya o marina

1. Lava bien la lechuga, la rúcula y los pepinos.

2. Corta los pepinos baby en rodajas y la remolacha en tiras finas.

3. Pela el pomelo y separa todos los gajos. Con la ayuda de un cuchillo elimina todas las partes blancas del pomelo, ya que tienen un sabor amargo.

4. Monta la ensalada colocando lechuga y rúcula y encima verduras y pomelo.

5. Aliña la ensalada con sal, aceite de oliva y semillas de sésamo blanco y negro.

Rollitos de salmón ahumado

PORCIONES: *1 persona*   PREPARACIÓN: *5 min.*   COCCIÓN: -

170 gr. de salmón ahumado
½ pepino
1 puñado de rúcula
Sal rosa del Himalaya o marina

½ pimiento rojo
½ pimiento amarillo
1 lima verde

1. Lava bien las verduras y corta el pepino y los pimientos en tiras finas y alargadas.

2. En un bol pon las tiras de pepino y pimientos y alíñalas con sal y zumo de media lima.

3. Separa las lonchas de salmón ahumado y coloca en el centro de cada locha varias líneas tiras de pepino y pimientos y unas hojas de rúcula.

4. Enrolla las lonchas de salmón sobre las verduras y sirve los rollitos con unas rodajitas finas de lima encima para decorar.

Rollitos al estilo vietnamita

PORCIONES: *2 rollitos* PREPARACIÓN: *20 min.* COCCIÓN: -

2 hojas de papel de arroz de 26 cm
½ taza de calabacín
½ taza de zanahoria
½ taza de pepino
1 puñado de germinados mixtos
6 hojas de menta fresca

Para la salsa:
2 cucharadas de crema de almendras
½ cucharadita de salsa tamari
½ - 1 cucharadita de agua
2 - 4 gotas de stevia líquida
2 - 4 gotas de limón

1. Lava bien todas las hojas de menta, las verduras y pela las zanahorias y los pepinos.

2. Corta las verduras en tiras finas y largas.

3. En un bol grande, pon abundante agua tibia y preparar los rollitos: sumerge una hoja de papel de arroz, durante 15 - 20 segundos para que se ablande.

4. Coloca la hoja de papel de arroz sobre una superficie plana, a ⅔ del papel de arroz, coloca tres hojas de menta y la mitad de las verduras.

5. Dobla los laterales y enrolla el papel de arroz sobre las verduras, como se hace con los burritos. Es importante hacer un poco de presión para que el rollito sea firme. Repite lo mismo con el otro papel y el resto de las verduras.

6. Prepara la salsa juntando todos los ingredientes en un bol pequeño y mezclando con energía.

7. Corta los rollitos por la mitad y sírvelos acompañados de la salsa.

Crema de brócoli con pimiento asado

PORCIONES: *2 personas*   PREPARACIÓN: *6 min.*   COCCIÓN: *50 min.*

2 tazas de brócoli
½ cebolla
1 hoja de laurel
Sal rosa del Himalaya o marina
1 pimiento rojo grande

1 taza de puerros
1 taza de espinacas
2 tazas de caldo de verduras
Pimienta blanca, molida

1. Precalienta el horno a 200 °C.

2. Lava bien las verduras y córtalas en trozos, excepto el pimiento.

3. Seca bien el pimiento y ponlo sobre una bandeja forrada de papel de horno. Hornear durante 50 minutos. Gira el pimiento dos o tres veces para que se cueza de forma perfectamente uniforme.

4. Mientras tanto, pon las verduras y la hoja de laurel en una olla con el caldo de verduras y cuece durante unos 20 o 25 minutos a fuego medio.

5. Cuando las verduras estén cocidas, retira la hoja de laurel y ajusta de sal y pimienta blanca.

6. Retira una parte del caldo y tritura las verduras con la ayuda de una batidora hasta que quede una crema homogénea. Si queda muy espesa, añade parte del caldo que has retirado.

7. Cuando el pimiento esté cocido, sácalo del horno, déjalo enfriar unos minutos y luego pélalo.

8. Elimina cuidadosamente todas las semillas del pimiento y córtalo en tiras finas y luego en cuadraditos pequeños.

9. Sirve la crema de brócoli en boles amplios y decóralas con trocitos de pimiento asado.

Crema de calabaza con lentejas especiadas

PORCIONES: *2 personas*   PREPARACIÓN: *15 min.*   COCCIÓN: *35 - 40 min.*

2 tazas de calabaza
1 taza de boniato
½ taza de zanahoria
½ taza de puerros
½ cebolla
2 cdas de aceite de oliva virgen extra
2 tazas de caldo de verduras
Sal rosa del Himalaya o marina

Para las lentejas:
1 taza de lentejas cocidas
1 cdta de pimentón dulce en polvo
1 cucharadita de cúrcuma en polvo
1 cucharadita de jengibre en polvo
1 diente de ajo
1 cucharada de aceite de oliva virgen extra

1. Precalienta el horno a 180 °C.

2. Lava bien las verduras y córtalas en trozos y enjuaga las lentejas cocidas bajo al agua fría.

3. Pela el ajo, quítale el corazón y pícalo finamente.

4. En un bol grande, pon las lentejas cocidas y alíñalas con el ajo picado, las especias, la sal y 1 cucharada de aceite de oliva. Pasa las lentejas a una bandeja forrada con papel de horno y hornea durante 15 minutos, remuévelas cada 5 minutos.

5. Mientras tanto, en una olla grande, rehoga la cebolla y los puerros en 2 cucharadas de aceite.

6. Cuando la cebolla esté transparente, añade las verduras y el caldo de verduras. Cuece a fuego medio durante unos 30 minutos o hasta que las verduras estén cocidas.

7. Retira una parte del caldo y tritura las verduras con la ayuda de una batidora hasta que quede una crema homogénea. Si queda muy espesa, añade parte del caldo que has retirado.

8. Sirve la crema de calabaza en dos boles amplios y añádele por encima las lentejas horneadas.

Crema verde al tomillo con pollo marinado

PORCIONES: *2 personas*   PREPARACIÓN: *10 min.*   COCCIÓN: *25 min.*

2 tazas de espinacas frescas
1 ½ tazas de judías verdes
2 puerros
1 tallo de apio
Sal rosa del Himalaya o marina

240 gr de pechuga de pollo
4 cucharadas de Salsa Tamari
2 dientes de ajo
1 trozo de 2 cm de jengibre fresco
1 cucharada de tomillo

1. Pela el jengibre y el ajo, sácale el corazón al ajo y rállalos ambos. Corta el pollo en trocitos y ponlo en un bol con salsa tamari, ajo y jengibre, marina unos 30 min.

2. Lava las verduras, córtalas y ponlas en una olla grande con 2 o 3 tazas de agua y el tomillo. Cuece durante unos 30 minutos.

3. Retira una parte del caldo y tritura las verduras con la ayuda de una batidora hasta que quede una crema homogénea. Si queda muy espesa, añade parte del caldo que has retirado.

4. Cuece los trozos de pollo en una sartén antiadherente. Sirve la crema con el pollo encima.

Crema de pak choy y almendras

PORCIONES: *2 personas*   PREPARACIÓN: *10 min.*   COCCIÓN: *35 min.*

4 tazas de pak choy fresco
½ cebolla blanca
1 ½ cdas de aceite de coco, virgen
1 cucharadita de pasta de curry verde
2 cucharadas de almendras laminadas
Sal rosa del Himalaya o marina

2 calabacines medianos
1 puerro, solo la parte blanca
½ ctaza de leche de almendras
2 tazas de agua
1 cucharada de sésamo crudo
1 cucharada de semillas de amapola

1. Lava bien el pak choy, los calabacines y el puerro y cortarlos en trozos de 1 o 2 centímetros aproximadamente.

2. Pela la cebolla y pícala finamente.

3. En una olla grande, sofríe la cebolla en el aceite de coco.

4. Cuando la cebolla esté dorada, añade el puerro y los calabacines y sofríelos unos 10 minutos más.

5. Añade el pak choy cortado y el agua. Añade la pasta de curry verde y ajusta de sal.

6. Tapa y deja hervir a fuego medio durante unos 20 minutos.

7. Separa 2 cucharadas de leche de almendras y resérvalas para decorar.

8. Cuándo las verduras estén cocidas, añade la leche de almendras restante y tritura todo con una batidora, hasta que se convierta en una crema delicada y uniforme.

9. Ajusta de sal si es necesario y sirve la crema en dos boles grandes.

10. Decora cada plato con una cucharada de leche de almendras, 1 cucharada de almendras laminadas, ½ cucharada de sésamo y ½ cucharada de semillas de amapola.

Brécol romanesco salteado con semillas

PORCIONES: *2 personas*   PREPARACIÓN: *5 min.*   COCCIÓN: *15 min.*

1 cabeza de brécol romanesco o
1 cabeza de coliflor
1 ½ cda de aceite de oliva virgen extra
1 cucharada de semillas de cáñamo
Sal rosa del Himalaya o marina
Pimienta negra, molida

60 gr. de tocino de pavo
1 zanahoria
¼ de cebolla
1 cdta de concentrado de tomate
1 cucharada de semillas de sésamo

1. Lava bien el brécol o la coliflor y pela la zanahoria y la cebolla. Trocea el brécol o la coliflor y pica finamente la zanahoria, la cebolla y el tocino de pavo.

2. En una sartén grande, rehoga el tocino, la zanahoria y la cebolla en aceite de oliva.

3. Cuando la cebolla esté transparente, añade el brécol o la coliflor y el concentrado de tomate, disuelto en ¼ taza de agua. Tapa la sartén y cuece a fuego medio, durante 15 minutos.

4. Cuando las verduras estén cocidas, salpimentar, destapar y cocer hasta que se evapore todo el líquido.

5. Sirve con semillas de cáñamo y sésamo por encima.

Noodles con verduras de primavera

PORCIONES: *2 personas* PREPARACIÓN: *5 min.* COCCIÓN: *20 min.*

2 tazas de noodles de arroz integral
1 taza de zanahorias
1 taza de caldo de verduras
1 cucharadita de jengibre en polvo
Sal rosa del Himalaya o marina

2 calabacines medianos
1 taza de tirabeques
1 puerro, solo la parte blanca
2 cucharadas de salsa tamari
1 cucharadita de cebollino picado

1. Lava bien las verduras y pela las zanahorias.

2. Corta las zanahorias y los calabacines en tiras finas y los puerros en rodajas. Elimina la parte superior de los tirabeques.

3. Pon a hervir una olla con agua y un poco de sal y cuece los tirabeques unos 5 o 6 minutos.

4. En una sartén antiadherente, saltea zanahorias, calabacines y puerros con la salsa tamari, el jengibre en polvo y unas cucharadas de caldo. Cuece a fuego medio unos 15 minutos. Si es necesario, añade más caldo.

5. En una olla grande, pon abundante agua a hervir con un poco de sal. Cuando el agua esté hirviendo, introduce los noodles y cuécelos según las instrucciones del paquete. Escurre los noodles al dente.

6. Saltea los noodles con los tirabeques y el resto de las verduras, durante un minuto.

7. Sirve los noodles con cebollino picado por encima.

Shirataki con salsa de tofu y cúrcuma

PORCIONES: *2 personas*   **PREPARACIÓN:** *10 min.*   **COCCIÓN:** *15 min.*

400 gr de noodles de konjac shirataki
2 tazas de champiñones
1 cucharada de salsa tamari
1 cucharadita de cúrcuma en polvo
Sal rosa del Himalaya

240 gr. de tofu silk
2 tazas de espinacas frescas
1 diente de ajo
½ cucharadita de cebolla en polvo
Pimienta negra molida

1. Lavar bien las verduras. Cortar los champiñones y las espinacas finamente. Pela el ajo y pícalo.

2. Saltea las verduras en una sartén antiadherente con salsa tamari, cuécelas durante 10 minutos. Si es necesario añádele un poco de agua.

3. Mientras, pon el tofu, el ajo, la cúrcuma, la cebolla en polvo y la sal en la batidora y tritúralo hasta que quede una crema homogénea. Si es necesario añade un poco de agua.

3. Enjuaga los shirataki bajo el agua corriente y añádelos a la sartén donde has puesto las verduras.

4. Añade también la salsa de tofu, mezcla bien y cuece durante unos 10 minutos.

Si sigues la DMA: Ensaladas, sopas y otros entrantes

Áspic verde vegano	todas las fases	1 porción de verdura
Ensalada de fresas con vinagreta	fase 1	1 porción de verdura 1 porción de fruta
Ensalada fresca de atún	todas las fases	1 porción de verdura ½ porción de proteína
Ensalada con sésamo blanco y negro	fase 3	1 porción de verdura 1 porción de fruta 1 porción de grasa
Rollitos de salmón ahumado	fase 2 y 3	1 porción de proteína 1 porción de verdura
Rollitos al estilo vietnamita	mantenimiento	1 porción de grasa 1 porción de verdura 1 porción de grano aprox.
Crema de brócoli con pimiento asado	fase 1 y 2	2 porciones de verdura
Crema de calabaza con lentejas especiadas	fase 3	2 porciones de verduras 2 porciones de proteína 1 porción de grasa
Crema verde al tomillo con pollo marinado	todas las fases	1 porción de fruta 2 porciones de grano 2 porciones de grasa 2 porciones de proteína
Crema de pak choy y almendras	fase 3	2 porciones de verdura 2 porciones de grasa
Brécol romanesco salteado con semillas	mantenimiento y fase 3	2 porciones de verduras 2 porciones de grasa ½ porción de proteína

Noodles con verduras de primavera	fase 1	2 porciones de verdura 2 porciones de grano
Shirataki con salsa de tofu y cúrcuma	fase 2	2 porciones de verdura 2 porciones de proteína

Nota para DMA: si quieres hacer la receta del brécol romanesco salteado con semillas en Fase 3, puedes hacerlos sustituyendo el brécol por coliflor.

Platos principales

Carpaccio de bacalao

PORCIONES: *2 personas*   **PREPARACIÓN:** *5 min.*   **COCCIÓN:** *20 min.*

340 gr. de bacalao fresco
2 o 3 pepinillos en vinagre
2 cucharadas de alcaparras en vinagre
1 cucharadita de cebollino fresco
Sal rosa del Himalaya o marina

2 limones
2 dientes de ajo
1 puñado de rúcula
1 cucharadita de eneldo
1 cucharada de aceite de oliva virgen extra, opcional

1. Envuelve con mucho cuidado el bacalao fresco, limpio y sin piel, en papel transparente y déjalo una hora en el congelador para que se congele ligeramente y sea más fácil cortarlo.

2. Pasada una hora, corta el bacalao en lonchas finas y ponlas en un bol grande.

3. Pela el ajo, quítale el corazón y pícalo finamente.

4. Exprime el zumo de los limones sobre el bacalao y añádele el ajo picado, el eneldo, un poco de sal y, opcionalmente, el aceite de oliva.

5. Tapa el bacalao con papel transparente y déjalo en la nevera reposar al menos 8 horas, o toda la noche. Gíralo dos o tres veces con mucha delicadeza para no romper las lonchas.

6. Antes de servir el carpaccio, corta los pepinillos en rodajas finas y pica el cebollino.

7. Sirve el carpaccio con alcaparras, pepinillos, rúcula y cebollino picado por encima.

Curry vegano de garbanzos con arroz integral

PORCIONES: *2 personas*   **PREPARACIÓN:** *10 min.*   **COCCIÓN:** *35 min.*

1 taza de garbanzos cocidos
2 taza de tomatitos
1 taza de berenjenas
1 taza de calabacines
½ cebolla
1 diente de ajo
1 trozo de jengibre de 2 cm
2 tazas de arroz basmati integral cocido

2 cucharaditas de curry en polvo
½ cucharadita de pimentón dulce
½ cucharadita de comino en polvo
½ cucharadita de cilantro en polvo
1 pizca de pimienta negra molida
1 cucharada de xilitol o stevia
1 - 2 taza de agua
Sal rosa del Himalaya o marina

1. Pela la cebolla, el jengibre y el ajo; corta la cebolla en rodajas finas, quítale el corazón al ajo y pícalo finamente, así como el jengibre.

2. Lava bien todas las verduras y córtalas: trocea las berenjenas y los calabacines en dados de 1 ½ cm aproximadamente, corta los tomatitos por la mitad.

3. En una amplia sartén antiadherente, rehoga la cebolla, el ajo y el jengibre con 3 o 4 cucharadas de agua, cuece durante unos 10 minutos aproximadamente.

4. Cuando la cebolla esté transparente, añade berenjenas, calabacines, tomatitos y al menos media taza de agua. Tapa la sartén y cuece las verduras a fuego lento, durante al menos 20 minutos. Ves añadiendo un poco de agua si es necesario.

5. Mientras tanto, enjuaga bien los garbanzos bajo abundante agua.

6. Pasados 20 minutos, añade los garbanzos, el edulcorante y las especias. Mezcla bien para que los aromas se integren bien.

7. Cuece unos 10 minutos más y ajusta de sal.

8. Sirve el curry en dos platos amplios, cada uno con 1 taza de arroz basmati integral cocido.

Curry de gambas, verduras y coco

PORCIONES: *2 personas*   PREPARACIÓN: *10 min.*   COCCIÓN: *35 min.*

340 gr. de gambas peladas
8 espárragos trigueros
2 hojas de kale
½ taza de leche de coco en cartón
¼ taza de leche de coco en lata, solo la parte sólida
½ cucharadita de comino en polvo
½ cebolla blanca

2 tazas de calabacines
1 taza de zanahorias
1 puerro, la parte blanca
3 cucharadas de aceite de coco virgen
1 cucharada de pasta de curry verde
1 diente de ajo
Sal rosa del Himalaya o marina

1. El día anterior, pon una lata de leche de coco en la nevera, para que el frío ayude la grasa a solidificarse. La lata debe estar en la nevera mínimo 24 horas.

2. Pela el ajo y la cebolla, quítale el corazón al ajo y pica ambos finamente.

3. Lava bien todas las verduras; elimina el tronco central de las hojas de kale y la base de los espárragos.

4. Corta los calabacines y las zanahorias en tiras pequeñas, los espárragos y los puerros en rodajas finas y las hojas de kale en tiras finas.

5. En una amplia sartén antiadherente, rehoga a fuego lento el ajo y la cebolla con 1 cucharada de aceite de coco, hasta que la cebolla esté transparente.

6. Sube un poco el fuego y pon las gambas en la sartén. Dóralas ligeramente, durante un par de minutos por cada lado.

7. Cuando las gambas estén ligeramente doradas, retíralas de la sartén y ponlas en un plato y resérvalas para más tarde.

8. Baja e fuego, pon en la sartén las otras dos cucharadas de aceite de coco, la pasta de curry verde y añade todas las verduras. Tapa la sartén, deja cocer unos diez minutos, remueve de vez en cuando.

9. Cuando las verduras empiecen a estar tiernas, añade toda la leche de coco y mezcla bien. Vuelve a tapar y deja cocer unos diez minutos más. No te olvides de remover de vez en cuando.

10. Añade las gambas y el comino en polvo y mezcla bien. Si se ha quedado muy denso y lo prefieres un poco más líquido, puedes agregar un poco de agua.

11. Ajusta de sal, mezcla bien y sirve caliente.

Ensalada de colores

PORCIONES: *2 personas*   PREPARACIÓN: *15 min.*   COCCIÓN: *40 min.*

2 tazas de arroz integral cocido
2 tazas de col lombarda
1 taza de tomatitos
2 zanahorias
1 pimiento amarillo

1 endivia belga
1 taza de judías verdes finas
1 ½ taza de garbanzos cocidos
2 cucharadas de aceite de lino opcional
Sal rosa del Himalaya o marina

1. Lava y corta las verduras: endivia, zanahorias y col en tiras finas, el pimiento en cuadraditos de 1 centímetro, los tomatitos en cuartos y las judías verdes en trozos de 2 centímetros.

2. Cuece las judías verdes al vapor 5 o 7 minutos y mézclalas, a la col y al arroz aún caliente. Mezcla bien para que la col tiña de un tono azulado el arroz.

3. Cuando el arroz esté completamente frío, enjuaga bien los garbanzos y procede a montar la ensalada uniendo todas las verduras troceadas, con los garbanzos, el arroz, las judías verdes y la col lombarda. Aliña con sal y, si quieres, aceite de lino.

Tempeh salteado con espárragos trigueros

PORCIONES: *2 personas*   PREPARACIÓN: *10 min.*   COCCIÓN: *25 min.*

240 gr. de tempeh
2 cucharadas de salsa tamari
½ limón
Sal rosa del Himalaya o marina

15 espárragos trigueros
1 cucharada de vinagre de sidra de manzana
¼ cebolla
1 diente de ajo

1. Lava bien los espárragos, elimina la parte inferior y corta los espárragos en trozos de 2 cm aproximadamente. Pela la cebolla y el ajo y pícalos finamente.

2. Corta también el tempeh en trozos de la misma medida.

3. En una sartén antiadherente, rehoga a fuego lento el ajo y la cebolla con la salsa tamari y el vinagre.

4. Cuando la cebolla esté transparente, añade el zumo de limón, los espárragos y el tempeh, tapa la sartén y cuécelos durante unos 10 o 15 minutos. Ajusta de sal, mezcla bien y sirve.

Poke bowl de tempeh marinado

PORCIONES: *1 persona*   PREPARACIÓN: *25 min.*   COCCIÓN: *10 min.*

Para el tempeh marinado:
120 gr de tempeh
2 cucharadas de salsa tamari
1 cucharada de vinagre de sidra de manzana
1 cucharadita de jengibre en polvo
1 cucharadita de ajo en polvo

1 taza de espinacas baby frescas
½ taza de champiñones frescos
½ taza de pimientos rojos
¼ de cebolla
2 cucharadas de vinagre balsámico de Módena
Sal rosa del Himalaya o marina

1. Corta el tempeh en loncha finas, mezcla en un bol la salsa tamari, el vinagre, el jengibre y el ajo en polvo y pon el tempeh dentro. Déjalo marinar durante unos 20 o 25 minutos.

2. Mientras tanto, lava bien todas las verduras y córtalas: corta los champiñones en loncha finas, mientras el pimiento y la cebolla córtalos en tiras.

3. Cuando el tempeh esté marinado, cuécelo sobre una sartén o plancha antiadherente, durante unos 5 minutos o hasta que esté dorado por ambos lados.

4. Monta tu propio poke bowl: en un bol amplio, crea una base de espinacas baby y pon encima las verduras y el tempeh. Aliña el bol con sal y vinagre balsámico.

Poke bowl de fletán y verduritas

PORCIONES: *1 persona* PREPARACIÓN: *20 min.* COCCIÓN: *25 min.*

½ taza de arroz integral cocido
½ taza de quinoa cocida
½ pepino

Para las verduras al horno:
½ taza de zanahorias
5 espárragos trigueros
½ cucharada de aceite de oliva virgen extra, opcional
1 pizca de pimienta negra molida
Sal rosa del Himalaya o marina

½ taza de canónigos, rúcula u otra lechuga
3 rabanitos
1 cucharada de mayonesa casera, opcional

Para el fletán:
170 gr. de fletán
1 limón
½ cucharadita de chile
Pimienta negra molida
Sal rosa del Himalaya o marina

1. Precalienta el horno a 180 ºC.

2. Pon el fletán en un bol con el zumo de un limón, el chile y la pimienta. Deja marinar una hora.

3. Mientras tanto, lava bien las verduras, pela las zanahorias y elimina la base de los espárragos.

4. Corta las zanahorias en rodajas y los espárragos en trozos de 2 centímetros aproximadamente; pon las zanahorias y los trigueros en un bol y alíñalos con aceite, pimienta y un poco de sal. Mezcla bien.

5. Coloca las verduras aliñadas sobre la mitad de una bandeja forrada con papel de horno, sobre la otra mitad, pon el fletán marinado, hornea todo durante unos 20 o 25 minutos.

6. Mientras tanto, pela el pepino y córtalo en cuadraditos de 1 centímetro aproximadamente y corta los rabanitos en trozos pequeños.

7. Crea tu poke bowl: haz una base de arroz integral, quinoa y canónigos, rúcula u otra lechuga, pon encima las verduras frescas, las verduras horneadas y el fletán desmenuzado.

8. Aliña con una cucharada de mayonesa.

Revuelto de mar y setas con aroma de limón

PORCIONES: *2 personas* PREPARACIÓN: *5 min.* COCCIÓN: *20 min.*

170 gr. de atún en lata al natural
170 gr. de mejillones sin cáscara
4 tazas de setas mixtas, shimeji, champiñones, shiitake, setas de cardo u otras variedades
1 diente de ajo

4 - 6 cucharadas de caldo de verduras
1 limón
Perejil fresco
Pimienta negra molida
Sal rosa del Himalaya

1. Pela el ajo, quítale el corazón y pícalo finamente.

2. Lava bien las setas y córtalas en trozos de tamaño similar.

3. En una sartén antiadherente, rehoga el ajo, las setas y los mejillones con el caldo de verduras. Cuece a fuego lento durante unos 10 minutos o hasta que los mejillones estén cocidos.

4. Mientras tanto, escurre bien el atún, exprime el limón y pica finamente el perejil.

5. Pasados los 10 minutos, añade el atún, el zumo de limón y el perejil. Mezcla bien y cuece unos 5 minutos más.

6. Ajusta de sal y pimienta y sirve caliente.

Fajita bowl de pollo

PORCIONES: *2 personas*   PREPARACIÓN: *10 min.*   COCCIÓN: *25 min.*

240 gr. de pechuga de pollo
1 taza de pimiento rojo
1 ½ de taza de pimiento amarillo
1 taza de pimiento verde
½ cebolla roja
Sal rosa del Himalaya o marina

Zumo de ½ limón
½ cucharadita de pimentón dulce
2 cucharaditas de tajín o chile al gusto
6 o 7 cucharadas de caldo de verduras
Cilantro fresco

1. Pela la cebolla y córtala en rodajas finas. Pica el cilantro finamente. Lava bien los pimientos y córtalos en tiras. Corta también el pollo en tiras iguales.

2. En una sartén antiadherente, rehoga 5 minutos la cebolla con el caldo.

3. Añade los pimientos, el pimentón dulce y el tajín o chile y cuece unos 10 minutos más. Si es necesario, añade más caldo o agua.

4. Añade el pollo, el zumo de limón y el cilantro, tapa la sartén y deja cocer 5 o 10 minutos, hasta que el pollo esté cocido. Ajusta de sal y mezcla bien.

Pollo al vinagre balsámico con verduras

PORCIONES: *2 personas*   PREPARACIÓN: *5 min.*   COCCIÓN: *20 min.*

240 gr. de pechuga de pollo
½ taza de pimiento rojo
½ taza de pimiento verde
2 - 4 gotas de stevia líquida
6 o 7 cucharadas de caldo de verduras
Sal rosa del Himalaya o marina

2 taza de brócoli
½ cebolla roja
1 diente de ajo fresco
4 cucharadas de vinagre balsámico
1 cucharadita de ajo en polvo
Pimienta negra

1. Pela la cebolla y el ajo y pícalos finamente. Lava bien las verduras.

2. Corta los pimientos en tiras y el brócoli en trozos. Salpimienta el pollo.

3. En una amplia sartén antiadherente, rehoga a fuego lento la cebolla y el ajo con el caldo. Cuece unos 5 minutos o hasta que la cebolla esté transparente.

4. Añade los pimientos, el pollo y el vinagre balsámico y cuece unos 15 minutos más o hasta que el pollo esté cocido y el vinagre se haya espesado. Ajusta de sal.

Hamburguesas de tofu y brócoli

PORCIONES: *3 uds*   PREPARACIÓN: *5 min.*   COCCIÓN: *20 min.*

1 cabeza de brócoli pequeña
120 gr de tofu firme
1 diente de ajo

½ cucharadita de cúrcuma en polvo
Sal rosa del Himalaya o marina
1 cucharada de kéfir de coco, opcional

1. Lava bien el brócoli, córtalo en trozos y cuécelo al vapor, unos 10 minutos.

2. Pela el ajo, quítale el corazón y trocéalo. Escurre bien el tofu y trocéalo.

3. En el vaso de la batidora, pon el brócoli, el tofu, el ajo la cúrcuma y un poco de sal. Bate varios minutos, hasta que se forme una masa densa y homogénea.

4. Humedécete ligeramente las manos con agua, forma dos o tres hamburguesas.

5. Cuece las hamburguesas en una sartén antiadherente durante unos 5 o 6 minutos por lado, o hasta que estén doradas.

6. Opcionalmente, sirve las hamburguesas con un poco de kéfir de coco por encima.

Si sigues la DMA: Platos principales

Carpaccio de bacalao	fase 2	1 porciones de proteína
Curry vegano de garbanzos	fase 1	2 porciones de verdura 2 porciones de proteína 2 porciones de grano
Curry de gambas verduras y coco	fase 3	2 porciones de verdura 2 porciones de proteína 2 porciones de grasa
Ensalada de colores	mantenimiento y fase 1	2 porciones de verdura 2 porciones de proteína 2 porciones de grano ⅔ de porción de grasa (omitir la grasa en fase 1)
Tempeh salteado con espárragos trigueros	fase 2	2 porciones de verdura 2 porciones de proteína
Poke bowl de tempeh marinado	fase 2	2 porciones de verdura 2 porciones de proteína
Poke bowl de fletán y verduras	mantenimiento y fase 1 (omitir espárragos y grasa en fase 1)	1 porción de verdura 1 porción de grano 1 porción de proteína ½ porción de grasa
Revuelto de mar y setas con aroma de limón	fase 2 y 3	2 porciones de verdura 2 porciones de proteína
Fajita bowl de pollo	todas las fases	2 porciones de verdura 2 porciones de proteína
Pollo al vinagre balsámico con verduras	fase 1 y 2	2 porciones de verdura 2 porciones de proteína
Hamburguesas de tofu y brócoli	fase 2	1 porción de verdura 1 porción de proteína

Snack y Merienda

Paté rojo vegano

PORCIONES: *2 snacks*   PREPARACIÓN: *10 min.*   COCCIÓN: *50 min.*

120 gr. de tofu silk
½ taza de pimiento rojo asado
2 cucharaditas de pulpa de pimiento choricero
1 diente de ajo fresco

1 cdta de vinagre de sidra de manzana
4 - 6 gotas de stevia líquida
¼ cucharadita de comino en polvo
1 pizca de pimienta negra molida
Sal rosa del Himalaya o marina

1. Precalienta el horno a 200 °C.

2. Lava y secar bien un pimiento grande y colócalo en una bandeja forrada con papel de horno. Hornea el pimiento durante unos 50 minutos. Gira el pimiento dos o tres veces para que se cueza de forma perfectamente uniforme.

3. Cuando el pimiento esté cocido, sácalo del horno, déjalo enfriar unos minutos, y, a continuación, pélalo y elimina cuidadosamente todas las semillas.

4. Escurre bien el tofu y córtalo en trozos.

5. Pon el tofu en el vaso de la batidora, con ½ taza de pimiento asado y el resto de los ingredientes.

6. Bate unos minutos hasta crear un paté uniforme y cremoso.

Palitos de verduras especiados

PORCIONES: *2 snacks*   PREPARACIÓN: *10 min.*   COCCIÓN: *25 min.*

1 taza de calabacines
1 taza de zanahorias
1 taza de boniato blanco
1 ½ cda de aceite de oliva virgen extra

1 cucharadita de curry en polvo
1 cucharadita de pimentón dulce
1 cucharadita de ajo en polvo
Sal rosa del Himalaya o marina

1. Precalienta el horno a 190 °C.

2. Lava bien todas las verduras y pela el boniato.

3. Corta las verduras en palitos de 1 cm x 1 cm x 7 cm, aproximadamente.

4. Pon las verduras en un bol grande y alíñalas con las especias y el aceite.

5. Coloca los palitos de verduras sobre una bandeja forrada con papel de horno y procura que no se toquen entre ellos. Ajusta de sal y hornea unos 25 minutos o hasta que las verduras estén perfectamente cocidas.

Palitos crujientes de tofu con tomillo

PORCIONES: *2 snacks*   PREPARACIÓN: *10 min.*   COCCIÓN: *25 min.*

170 gr. de tofu firme
Pimienta negra molida

2 brancas de tomillo fresco
Sal rosa del Himalaya o marina

1. La noche anterior, congela el tofu. Al día siguiente, saca el tofu para que se descongele y córtalo en palitos del espesor de 1 cm aproximadamente. Pon los palitos sobre papel encima, ponles sal y déjalos reposar unos minutos.

2. Precalienta el horno a 180 °C. Con la ayuda de papel de cocina seco, seca los palitos de tofu lo más que puedas.

3. Coloca los palitos sobre una bandeja forrada con papel de horno y espolvoréalos con tomillo.

4. Hornea los palitos durante unos 25 minutos o hasta que queden perfectamente crujientes y dorados.

Natilla vegana de algarroba y lavanda

PORCIONES: *2 natillas*   PREPARACIÓN: *2 min.*   COCCIÓN: *6 - 7 min.*

2 cucharadas de harina de algarroba
1 ½ tazas de agua
1 cucharadita de lavanda
1 pizca de canela en polvo

½ cucharadita de agar agar en polvo
1 ½ cucharadas de xilitol o stevia
1 cucharada de arrurruz en polvo o harina de tapioca

1. En una olla pequeña, pon el agua, la lavanda y el edulcorante. Deja hervir 3 o 4 minutos. Cuela el agua para quitar las flores. Vuelve a poner el agua en la olla.

2. Añade la harina de algarroba, la canela, el arrurruz o la harina de tapioca y el agar agar al agua y mezcla bien para que no se formen grumos de ningún tipo.

3. Cuece 2 o 3 minutos más, removiendo constantemente, hasta que empiece a espesar un poco.

4. Sirve las natillas en boles o copas y déjalas enfriar. Sírvelas en la nevera al menos un par de horas. Puedes decorarlas con lavanda por encima.

Mousse vegana de calabaza

PORCIONES: *2 snacks* PREPARACIÓN: *5 min.* COCCIÓN: *25 min.*

1 taza de puré de calabaza
2 - 3 cucharadas de xilitol de o stevia
¼ de cucharadita de jengibre en polvo
¼ de cdta de nuez moscada en polvo
½ taza de leche de coco en lata, la parte sólida
¼ de cucharadita de canela en polvo
¼ de cdta de clavo de olor en polvo

1. El día anterior, pon una lata de leche de coco en la nevera, mínimo 24 horas.

2. Al día siguiente, precalienta el horno a 200 °C. Pela y trocea la calabaza y cuécela durante 20 o 25 minutos.

3. Pon la calabaza, la leche de coco, el edulcorante, las especias y una pizca de sal en el vaso de la batidora y bate hasta que se forme una mousse homogénea.

4. Sirve la mousse en dos copas o vasos y deja la mousse en la nevera, 2 horas.

5. Espolvorea por encima un poco de canela si quieres.

Chocolate especiado al estilo Maya

PORCIONES: *2 snacks*   PREPARACIÓN: *5 min.*   COCCIÓN: *25 min.*

2 claras de huevo
2 - 3 cucharadas de xilitol o stevia
½ cucharadita de canela en polvo
3 clavos de olor
½ naranja, solo la piel

2 ½ cdas de cacao crudo en polvo
½ taza de agua
1 trozo de guindilla
½ cucharada de arrurruz en polvo o harina de tapioca, opcional

1. Pon la cazuela a fuego medio con el agua, los clavos, la canela y el edulcorante.

2. Cuando se deshaga el edulcorante, agrega las claras de huevo y remueve constantemente.

3. Cuando las claras empiecen a cambiar de color, agrega el cacao, la guindilla y la piel de naranja. Baja el fuego y sigue removiendo. Opcionalmente añade también arrurruz o harina de tapioca.

4. Cuando empieza a espesar, retira guindilla y clavos y bate el chocolate con la batidora para que quede homogéneo y cremoso. Puedes servirlo frío o caliente.

Falso yogur de limón

PORCIONES: *3 yogures*   PREPARACIÓN: *5 min.*   COCCIÓN: *25 min.*

3 claras de huevo
1 limón
3 cucharadas de xilitol o stevia

1 cucharadita de agar agar en polvo
½ taza de agua

1. Pon la cazuela a fuego medio con el agua, el zumo de 1 limón y el edulcorante.

2. Cuando se deshaga el edulcorante, agrega las claras de huevo y remueve constantemente.

3. Cuando las claras empiecen a cambiar de color añade el agar agar en polvo. Baja el fuego y sigue removiendo.

4. Cuando empiece a espesar, bate el falso con la batidora para que quede homogéneo y cremoso.

5. Sírvelo en tres potecitos o vasos y déjalos enfriar en la nevera, un par de horas.

Si sigues la DMA: Snack y merienda

Paté rojo vegano	fase 2	1 porción de proteína
Palitos de verduras especiados	fase 3	1 porción de verdura ½ porción de grasa
Palitos crujientes de tofu	fase 2	1 porción de proteína
Natillas de algarroba y lavanda	todas las fases	extra
Mousse vegana de calabaza	fase 3	2 porciones de verdura 2 porciones de proteína
Chocolate especiado al estilo Maya	fase 2	2 porciones de proteína (para snack fase 2)
Falso yogur de limón	fase 2	1 porción de proteína (o 3 snack fase 2)

Nota para DMA: La receta de Natillas de algarroba y lavanda sólo contiene condimentos, con lo cual se puede usar en cualquiera de las comidas y no sustituye ningún otro alimento.

Galletas, tartas y otros remedios

Bizcocho de naranja y canela

PORCIONES: *1 bizcocho*   PREPARACIÓN: *5 min.*   COCCIÓN: *25 - 30 min.*

¾ taza de harina de avena
1 naranja
1 cucharada de arrurruz en polvo o harina de tapioca
3 cucharadas de xilitol o stevia

½ taza de harina de garbanzos
2 manzanas Fuji
½ taza de leche de avena
2 cucharaditas de canela en polvo
1 cdta de levadura de repostería

1. Precalienta el horno a 180 °C.

2. En un bol amplio, mezcla las harinas, la levadura, el edulcorante y una cucharadita de canela.

3. Pela las manzanas y hazlas puré con la ayuda de la batidora. Mezcla el puré de manzana con la leche de avena y añádela a las harinas.

4. Pela la naranja y, con la ayuda de un cuchillo, separa todos los gajos.

5. Vierte la masa del bizcocho, en un molde de silicona de 20 centímetros.

6. Coloca los gajos de manzana sobre la masa y espolvorea con una cucharadita de canela.

7. Hornea el bizcocho durante unos 20 - 25 minutos. Antes de sacarlo del horno, pínchalo con un palillo para asegurarte de que esté cocido.

Bizcochitos veganos de leche merengada y cacao

PORCIONES: *4 bizcochitos*   PREPARACIÓN: *5 min.*   COCCIÓN: *20 min.*

½ taza de harina de trigo sarraceno
½ taza de harina de arroz integral
⅔ taza de leche merengada vegana
1 cda de aceite de oliva virgen extra
1 cucharada de cacao crudo en polvo

6 cucharadas de azúcar de coco o xilitol de abedul o stevia
1 cdta de levadura de repostería
Sal rosa del Himalaya o marina
Canela en polvo al gusto, para decorar

1. Precalienta el horno a 180 °C.

2. En un bol amplio, mezcla harinas, levadura, edulcorante y una pizca de sal.

3. Añade poco a poco tanto leche merengada como el aceite de oliva y ve mezclando para obtener una mezcla lisa y homogénea.

4. Vierte la mezcla en 4 moldes de silicona pequeños o bien en un molde grande, de 20 cm. Hornea durante unos 20 minutos. Decora los bizcochitos con canela.

Brownies sin gluten

PORCIONES: 8 brownies   **PREPARACIÓN:** 5 min.   **COCCIÓN:** 25 min.

6 cucharadas de cacao crudo en polvo
6 cdas de aceite de coco desodorizado
¼ taza de harina de garbanzos
6 cucharadas de xilitol o stevia
Sal rosa del Himalaya o marina

1 huevo entero + 2 claras
¼ taza de harina de sorgo o quinoa
¼ taza de harina de avena
¼ taza de avellanas crudas
¼ taza de harina de almendras

1. Precalienta el horno a 180 °C y tuesta un poco las avellanas, durante 5 minutos.

2. Deshaz el aceite y mézclalo con el cacao y las avellanas previamente troceadas.

3. En un bol, bate huevo, claras, edulcorante y 1 pizca de sal. Añade la mezcla de cacao y aceite de coco y las harinas. Mezcla hasta obtener una mezcla homogénea.

4. Vierte en un molde rectangular de silicona de 21 x 27 cm.
Hornea durante 25 minutos.

5. Cuando esté fría, desmolda con cuidado y corta en 8 brownies iguales.

Tarta de calabaza vegana

PORCIONES: *1 tarta*   PREPARACIÓN: *40 min.*   COCCIÓN: *30 - 35 min.*

2 tazas de puré de boniato
¾ taza de leche de coco en lata, la parte sólida
¼ taza de arrurruz en polvo o harina de tapioca
4 cucharadas de xilitol o stevia
2 cucharaditas de mezcla de especias: canela, cardamomo, clavo, jengibre y nuez moscada

Para la base de 20-22 cm:
1 ½ taza de harina de cebada
6 cucharadas de aceite de coco desodorizado
6 cucharadas de xilitol o stevia
¼ taza de harina de almendras
1 cdta de levadura de repostería
2 cucharadas de agua
Sal rosa del Himalaya o marina

1. Precalienta el horno a 180 °C.

2. Pela la calabaza y córtala en trozos. Ponla en una bandeja forrada con papel de horno y hornéala unos 25 minutos.

3. Mientras, prepara la base: en un bol amplio, mezcla las harinas, la levadura y el edulcorante y mezcla bien. Añade poco a poco el aceite de coco sólido y ves amasando enérgicamente para formar una masa lisa y homogénea.

4. Cubre la masa con papel trasparente y déjala en la nevera durante unos diez minutos.

5. Mientras tanto, haz puré la calabaza con la batidora.

6. Saca la masa de la nevera y estírala entre dos hojas de papel de horno. Usa la masa estirada para formar la base del molde. Usa un molde de silicona o uno desmontable forrado con papel de horno. El molde ideal es de unos 20 - 22 cm.

7. Pon una hoja de papel de horno sobre la base de la tarta y ponle encima unas legumbres secas. Hornea la base unos 15 minutos.

8. Usa los recortes de masa para crear decoraciones para tu tarta.

9. Mezcla el puré de calabaza con la leche de coco, las especias, el edulcorante y el arrurruz o la harina de tapioca.

10. Pasados los 15 minutos, saca la base del horno y vierte el relleno dentro. Usa los recortes de masa para decorar la tarta. Hornea durante 20 - 25 minutos.

Cheesecake vegano de lima y arándanos

PORCIONES: *1 cheesecake*   PREPARACIÓN: *5 min.*   COCCIÓN: *25 min.*

1 taza de leche de coco en cartón
½ lima verde
1 cucharadita de arrurruz en polvo o harina de tapioca
3 cucharadas de xilitol o stevia
½ cucharadita de agar agar en polvo
1 taza de arándanos azules

½ taza de anacardos crudos
Para la base de 18 - 20 cm:
½ taza de avena en copos, arrollada
⅛ taza de almendras crudas
1 ½ cdas de aceite de coco, virgen
2 cucharadas de xilitol de o stevia
1 pizca de sal rosa del Himalaya

1. La noche anterior, remoja los anacardos en abundante agua.

2. Al día siguiente, pon en la batidora los ingredientes para base y bátelos hasta formar una mezcla homogénea. El resultado será arenoso.

3. Vierte la mezcla en un molde desmontable de unos 20 - 22 cm y nivélalo con una cuchara. Deja la base en la nevera, al menos una hora.

4. Mientras tanto, escurre bien los anacardos y tritúralos con la batidora hasta obtener una crema lisa y homogénea.

5. En una olla pequeña, pon la leche de coco con el arrurruz y el agar agar y mezcla constantemente. Deja hervir un par de minutos y retira del fuego.

6. Une la leche de coco a la batidora con la crema de anacardos y añade el zumo de ½ lima y el edulcorante. Bate hasta que quede una mezcla homogénea.

7. Saca el molde con la base de la nevera y vierte la mezcla encima. Dejar reposar en la nevera al menos 3 horas o hasta el momento de servir.

8. Sirve la cheesecake con los arándanos encima y piel rallada de lima para decorar.

New York cheesecake vegano con frambuesas

PORCIONES: *1 cheesecake*   PREPARACIÓN: *5 min.*   COCCIÓN: *30 - 40 min.*

½ taza de anacardos crudos
¼ taza de leche de coco
1 cucharada de harina de tapioca
3 cucharadas de xilitol de o stevia
3 cucharadas de aceite de girasol
1 limón
1 taza de frambuesas

Para la base de 18 - 20 cm:
½ taza de avena en copos, arrollada
⅛ taza de almendras crudas
1 ½ cdas de aceite de coco, virgen
2 cucharadas de xilitol o stevia
1 pizca de sal rosa del Himalaya

1. La noche anterior, remoja los anacardos en abundante agua.

2. Precalienta el horno a 180 °C.

3. Al día siguiente, pon en la batidora los ingredientes para base y bátelos hasta formar una mezcla homogénea. El resultado será arenoso.

4. Vierte la mezcla en un molde desmontable de unos 20 - 22 cm y nivélalo con una cuchara. Hornea la base unos 15 minutos y sácala del horno.

5. Mientras tanto, escurre bien los anacardos y ponlos en la batidora con la leche de coco, 2 cucharadas de zumo de limón y el aceite de girasol y bate hasta obtener una crema lisa y homogénea.

6. Añade la harina de tapioca y vuelve a batir hasta que quede incorporada.

7. Vierte el relleno de anacardos sobre la base y hornea durante 30 - 40 minutos, a 160 °C.

8. Deja enfriar el cheesecake completamente antes de desmoldarlo y sírvelo con frambuesas por encima.

Pastiera napoletana vegana de espelta

PORCIONES: *1 tarta*   PREPARACIÓN: *35 min.*   COCCIÓN: *2h 15min.*

½ taza de espelta cruda, en grano entero
1 taza de agua
½ taza de anacardos crudos
½ taza de "queso" de okara de almendras
6 cucharadas de xilitol o stevia
½ cucharadita de canela en polvo
1 limón

1 taza de leche de almendras
Para la base de 20 - 22 cm:
1 ½ taza de harina de cebada
6 cucharadas de aceite de coco desodorizado
6 cucharadas de xilitol o stevia
¼ taza de harina de almendras
1 cdta de levadura de repostería
2 cucharadas de agua

1. La noche anterior, lava los granos de espelta bajo el agua corriente y déjalos en remojo en abundante agua fría, durante toda la noche. En un bol aparte, pon a remojar también los anacardos.

2. Al día siguiente, escurre bien la espelta y ponla en una olla con 1 taza de agua, 1 taza de leche de almendras, un trozo de piel de limón y la canela en polvo. Tapa la olla y deja cocer la espelta a fuego lento durante 1 hora y media, removiendo de vez en cuando. Si es necesario, añádele más agua caliente a la espelta.

3. Mientras tanto, precalienta el horno a 180 ºC.

4. Prepara la base: en un bol amplio, mezcla las harinas, la levadura y el edulcorante y mezcla bien.

5. Añade poco a poco el aceite de coco sólido y vez amasando enérgicamente para formar una masa lisa y homogénea.

6. Cubre la masa con papel transparente y déjala en la nevera durante unos diez minutos.

7. Saca la masa de la nevera y estírala entre dos hojas de papel de horno. Usa la masa estirada para formar la base del molde. Usa un molde de silicona o uno forrado con papel de horno.

8. Pon una hoja de papel de horno sobre la base de la tarta y ponle encima unas legumbres secas. Hornea la base unos 10 minutos.

9. Usa los recortes de masa para crear tiras finas que servirán para decorar tu tarta. Pasados los 15 minutos, saca la base del horno y déjala enfriar.

10. Escurre los anacardos y tritúralos con la ayuda de la batidora hasta que se convierta en una crema homogénea.

11. Cuando la espelta esté cocida, mézclala con la crema de anacardos, el "queso" de okara, la piel rallada de medio limón y el edulcorante. Mezcla bien para incorporar todos los ingredientes.

12. Vierte la mezcla sobre la base y coloca las tiras en forma de red.

13. Hornea la tarta durante unos 45 - 50 minutos.

Strudel crujiente de kamut

PORCIONES: *1 strudel*   PREPARACIÓN: *35 min.*   COCCIÓN: *30 - 35 min.*

1 taza de harina de kamut
¼ taza de agua tibia
3 cucharada de xilitol o stevia
3 cucharadas de aceite de oliva virgen extra, opcional
1 o 2 cucharadas de leche de avena

Para el relleno:
2 manzanas Granny Smith
½ limón
2 cucharaditas de canela en polvo
2 cucharadas de xilitol o stevia
2 cucharadas de piñones, opcional

1. Prepara la base: en un bol amplio, mezcla la harina de kamut, el agua, el edulcorante y opcionalmente el aceite de oliva. Si decides no usar el aceite, usa 4 cucharadas de agua en lugar.

2. Mezcla bien la masa y trabájala hasta que quede homogénea. Tapa la masa con papel transparente y déjala reposar unos 30 minutos.

3. Mientras tanto, precalienta el horno a 180 °C.

4. Lava bien las manzanas y córtalas en trozos muy pequeños.

5. Pon la manzana cortada en un bol grande y añádele el zumo de ½ limón, la canela en polvo, el edulcorante y opcionalmente los piñones crudos. Mezcla bien.

6. Estira la masa entre dos hojas de papel de horno.

7. Coloca el relleno de manzana en el centro de la masa y usa la masa misma para envolver el relleno completamente.

8. Cierra la masa por todos los lados con mucha atención de no romperla.

9. Coloca el strudel sobre una bandeja forrada con papel de horno y hornéalo durante unos 30 o 35 minutos.

Galletas de sésamo

PORCIONES: *18 galletas*   **PREPARACIÓN:** *15 min.*   **COCCIÓN:** *10 - 12 min.*

¼ taza de harina de avena
½ taza de harina de quinoa
4 cucharadas de xilitol o stevia
1 ½ cdas de sésamo blanco crudo
½ cdta de levadura de repostería

3 cucharadas de tahina
3 cdas de aceite de coco desodorizado
½ cucharada de sésamo negro crudo
Sal rosa del Himalaya o marina

1. Precalienta el horno a 170 °C.

2. En un bol, mezcla la tahina con el aceite de coco sólido, hasta que quede una crema homogénea.

3. En otro bol, mezcla las harinas y agregar el resto de los ingredientes, a excepción de las semillas de sésamo blanco y negro.

4. Une la mezcla de harinas y la mezcla de tahina y aceite de coco. Trabaja la masa rápidamente, hasta que quede perfectamente homogénea.

5. Envuelve la masa en papel transparente y déjala reposar en la nevera durante unos 10 minutos aproximadamente.

6. Saca la masa de la nevera y estírala entre dos hojas de papel de horno. Estírala a un grosor de al menos ½ centímetro.

7. Con un corta galletas o con un vaso, corta las galletas y luego espolvoréalas con semillas de sésamo blanco y negro.

8. Coloca las galletas en una bandeja forrada con papel de horno y hornéalas durante 10 - 12 minutos, o hasta que estén doradas. Deja las galletas en la bandeja hasta que estén completamente frías.

Galletas especiadas con chocolate

PORCIONES: *18 galletas*   **PREPARACIÓN:** *25 min.*   **COCCIÓN:** *10 - 12 min.*

¼ taza de harina de avena
½ taza de harina de quinoa
5 cucharadas de xilitol o stevia
½ cdta de levadura de repostería
2 cucharadas de tahina
Sal rosa del Himalaya o marina

2 cucharaditas de mezcla de especias:
canela, cardamomo, clavo, jengibre y nuez moscada
3 cdas de aceite de coco desodorizado
2 cucharadas de pasta de cacao
1 cucharadas de agua

1. Precalienta el horno a 170 °C.

2. En un bol, mezcla la tahina con 3 cucharadas de aceite de coco sólido, hasta que quede una crema homogénea.

3. En otro bol, mezcla las harinas, las especias, la levadura, la sal y 4 cucharadas de xilitol o stevia al gusto.

4. Une la mezcla de harinas y la mezcla de tahina y aceite de coco. Trabaja la masa rápidamente, hasta que quede perfectamente homogénea.

5. Envuelve la masa en papel transparente y déjala reposar en la nevera durante unos 10 minutos aproximadamente.

6. Mientras tanto, deshaz la pasta de cacao a baño maría, cuando esté completamente deshecha añade el agua y la restante cucharada de xilitol o stevia al gusto. Mezcla bien, hasta obtener una mezcla homogénea.

7. Saca la masa de la nevera y estírala entre dos hojas de papel de horno. Estírala a un grosor de al menos ½ centímetro.

8. Con un corta galletas o con un vaso, corta las galletas.

9. Coloca las galletas en una bandeja forrada con papel de horno y hornéalas durante 10 - 12 minutos, o hasta que estén doradas. Deja las galletas en la bandeja hasta que estén completamente frías.

10. Cuando las galletas estén frías, baña los bordes de las galletas en la pasta de cacao y déjalas enfriar sobre una rejilla.

Alfajores con mermelada de zanahoria y coco

PORCIONES: *12 alfajores* PREPARACIÓN: *15 min.* COCCIÓN: *10 - 12 min.*

½ taza de harina de coco
3/8 taza de harina de almendras
¼ taza de harina de quinoa
½ taza de harina de tapioca
2 huevos
1 taza de mermelada de zanahoria

4 ½ cucharadas de aceite de coco
4 cucharadas de xilitol o stevia
½ vaina de vainilla
½ cdta de levadura de repostería
¼ taza de coco rallado

1. Precalienta el horno a 180 °C.

2. En un bol amplio, mezcla el aceite de coco a temperatura ambiente con el edulcorante.

3. Añade los huevos al aceite de coco y las semillas de ½ vaina de vainilla. Sigue batiendo.

4. En otro bol, mezcla las harinas y la levadura, y añádelas al aceite de coco. Trabaja la masa hasta obtener una masa lisa y homogénea.

5. Estira la masa entre dos hojas de papel de horno, a un grosor de al menos ½ centímetro. Con un corta galletas o con un vaso, corta las galletas.

6. Coloca las galletas sobre una bandeja forrada con papel de horno y hornéalas durante unos 10 o 12 minutos.

7. Deja enfriar las galletas sobre una rejilla.

8. Cuando las galletas estén frías, pon la mermelada en una manga pastelera y cubre la mitad de las galletas con la mermelada. Usa la otra mitad de las galletas para cubrir la mermelada y crear así los alfajores.

9. Pasa los alfajores en el coco rallado, para cubrir la mermelada.

Alfajores doble chocolate

PORCIONES: *2 snavks*   **PREPARACIÓN:** *5 min.*   **COCCIÓN:** *25 min.*

½ taza de harina de coco
3/8 taza de harina de almendras
¼ taza de harina de quinoa
½ taza de harina de tapioca
2 huevos
1 taza de dulce untable al cacao

4 ½ cucharadas de aceite de coco, virgen
4 cucharadas de xilitol o stevia
3 cucharadas de cacao crudo en polvo
½ cdta de levadura de repostería
¼ taza de almendras troceadas

1. Precalienta el horno a 180 °C.

2. En un bol amplio, mezcla el aceite de coco a temperatura ambiente con el edulcorante.

3. Añade los huevos al aceite de coco y sigue batiendo.

4. En otro bol, mezcla las harinas, el cacao y la levadura, y añádelas al aceite de coco. Trabaja la masa hasta obtener una masa lisa y homogénea.

5. Estira la masa entre dos hojas de papel de horno, a un grosor de al menos ½ cm. Con un corta galletas o con un vaso, corta las galletas.

6. Coloca las galletas sobre una bandeja forrada con papel de horno y hornéalas durante unos 10 o 12 minutos.

7. Deja enfriar las galletas sobre una rejilla.

8. Cuando las galletas estén frías, pon el dulce de batata untable al cacao en una manga pastelera y cubre la mitad de las galletas con la mermelada. Usa la otra mitad de las galletas para cubrir el dulce de batata y crear así los alfajores.

9. Pasa los alfajores en las almendras troceadas, para cubrir el dulce de batata.

Brookies proteicas

PORCIONES: *6 - 9 galletass*   PREPARACIÓN: *8 min.*   COCCIÓN: *10 - 15 min.*

3 claras de huevo
2 cucharadas de pasta de cacao crudo
1 cda de arrurruz o harina de tapioca
3 cucharadas de xilitol o stevia

2 cucharadas de harina de algarroba
2 cucharadas de arrurruz en polvo o harina de tapioca
½ cucharada de malta en polvo

1. Precalentar el horno a 180 ºC y deshaz la pasta de cacao a baño maría.

2. Pon las claras en un bol amplio y bátelas hasta montarlas a nieve perfectamente.

3. Añade delicadamente la pasta de cacao a las claras montadas a nieve. Cuando esté bien mezclado añade también las harinas, la malta y el edulcorante. Mezcla hasta obtener una masa homogénea.

4. Con la ayuda de una cuchara, forma varias galletas de la misma dimensión sobre una bandeja forrada de papel de horno. Hornea las galletas 10 o 15 minutos.

Si sigues la DMA: Galletas, tartas y otros remedios

Bizcocho de naranja y canela	fase 1	2 porciones de grano 2 porciones de fruta 1 porción de proteína
Bizcochitos veganos de leche merengada y cacao	mantenimiento	4 porciones de grano 1 porción de grasa
Brownies sin gluten	fase 3	2 porciones de proteína 4 porciones de grano 4 porciones de grasa
Tarta de calabaza vegana	fase 3	1 porción de verdura 12 porciones de grano 6 porciones de grasa
Cheesecake vegano de lima y arándanos	fase 3	1 porción de fruta 4 porciones de grasa 2 porciones de grano
New York cheesecake vegano con frambuesas	fase 3	1 porción de fruta 4 porciones de grasa 2 porciones de grano
Pastiera napoletana vegana de espelta	mantenimiento	14 porciones de grano 7 porciones de grasa
Strudel crujiente de kamut	fase 1 y mantenimiento	4 porciones de grano 2 porciones de fruta 1 porción de grasa (omitir la grasa en fase 1)
Galletas de sésamo	fase 3	6 porciones de grano 3 porciones de grasa
Galletas especiadas con chocolate	fase 3	6 porciones de grano 3 porciones de grasa
Alfajores con mermelada de zanahoria y coco	fase 3	6 porciones de grano 2 porciones de proteína 6 porciones de grasa
Alfajores doble chocolate	fase 3	6 porciones de grano 2 porciones de proteína 6 porciones de grasa
Brookies proteicas	fase 2 (snack)	3 porciones de proteína

Recetas básicas e imprescindibles

Tarta salada de calabacín sin gluten

PORCIONES: *1 tarta*   PREPARACIÓN: *35 min.*   COCCIÓN: *50 - 60 min.*

½ taza de harina de trigo sarraceno
¼ taza de harina de mijo o quinoa
1 calabacín grande o 2 medianos
1 cdta de levadura de repostería
Sal rosa del Himalaya o marina

½ taza de harina de garbanzos
¼ taza de leche de avena o arroz
2 tomates
2 cucharaditas de tomillo

1. Precalienta el horno a 170 °C.

2. Lava el calabacín y rállalo finamente. Pon el calabacín rallado en un colador amplio y añade una pizca de sal. Déjalo reposar una media hora y luego exprímelo lo máximo posible: puedes presionarlo entre las manos, por ejemplo.

3. En un bol grande, mezcla las harinas, la levadura, la sal y el tomillo.

4. Agrega el calabacín escurrido a las harinas y mezcla hasta que quede lo más uniforme posible.

5. Añade también la leche de avena y mezcla bien.

6. Corta los tomates en rodajas.

7. Vierte el compuesto en un molde de silicona de 20 - 22 cm y decóralo con las rodajas de tomates frescos. Espolvorea un poco de tomillo por encima.

8. Hornea la tarta durante 50 o 60 minutos, hasta que esté dorada y cocida. Pincha la tarta con un palillo para asegurarte que esté perfectamente cocida.

Mini panecillos de centeno y cebada

PORCIONES: 4 *panecillos*   PREPARACIÓN: *3 h.*   COCCIÓN: *1 h.*

¾ taza de harina de centeno
½ taza de agua tibia
½ cdta de psyllium husk en polvo
½ cucharadita de bicarbonato

¼ taza de harina de cebada
3 gr. de levadura seca de panadería
Sal rosa del Himalaya o marina
Semillas de lino, opcional

1. Pon en un bol las dos harinas, el psyllium husk, y la sal y mezclar bien.

2. Añade el agua con el sobre de levadura y amasa todo hasta que se mezcle bien.

3. Para amasar, mójate las manos con agua, para que la masa no se pegue. Ponla en un bol y tapa con un trapo. Deja reposar 3 horas, dentro del horno apagado, pero con la luz encendida. Pasadas 3 horas, precalienta el horno a 180 °C.

4. Saca la masa, que habrá crecido, y forma 4 mini panecillos. Opcionalmente puedes espolvorear los panecillos con semillas de lino.

5. Hornea durante una hora aproximadamente.

Pan de calabacín sin gluten

PORCIONES: *1 pieza*   **PREPARACIÓN:** *35 min.*   **COCCIÓN:** *45 - 50 min.*

½ taza de harina de sorgo o quinoa
1 taza de calabacín
¼ - ½ taza de agua
2 flores de calabaza o 6 tomatitos

½ taza de harina de teff o avena
½ taza de harina de garbanzos
½ cdta de levadura de repostería
Sal rosa del Himalaya o marina

1. Precalienta el horno a 180 °C y lava bien las verduras.

2. Ralla el calabacín y ponlo en un colador con una pizca de sal. Déjalo reposar 30 min. y exprímelo lo más posible, entre las manos, por ejemplo.

3. En un bol grande, mezcla las harinas, la levadura, la sal y el calabacín.

4. Añade el agua y mezcla. Vierte la masa en un molde de silicona rectangular y alargado. El molde ideal es de 21 x 11 cm.

5. Decora la masa con verdura de tu elección y hornea durante unos 45 minutos.

Bagels rápidos de garbanzos y quinoa

PORCIONES: *8 bagels*   PREPARACIÓN: *5 min.*   COCCIÓN: *35 - 45 min.*

½ taza de harina de quinoa
2 huevos
3 cdas de aceite de oliva virgen extra
Sal rosa del Himalaya o marina
1 cdta de levadura de repostería

1 ½ taza de harina de garbanzos
½ taza de salvado de avena
½ taza de leche de almendras
2 cucharadas de semillas de amapola
2 cucharadas de semillas de cáñamo

1. Precalienta el horno a 170 °C.

2. En un bol, mezcla las harinas, el salvado, la levadura, las semillas y la sal.

3. En otro bol bate bien los huevos y añade la leche vegetal y el aceite. Une esta mezcla a la mezcla de harinas. Trabaja hasta que quede una masa homogénea.

4. Divide la mezcla en moldes de silicona para rosquillas de 8 o 10 centímetros.

5. Hornea durante unos 35 o 45 minutos, hasta que los bagels estén dorados.

Mayonesa casera

PORCIONES: -   PREPARACIÓN: *5 min.*   COCCIÓN: -

1 huevo
1 cucharada de zumo de limón
Sal rosa del Himalaya
1 taza de aceite de girasol no refinado
1 cucharadita de mostaza, opcional

1. Saca el huevo de la nevera al menos 30 minutos para que tenga la misma temperatura que el aceite.

2. Pon el huevo en el vaso de la batidora, añade el aceite y el limón.

3. Apoya la batidora en el fondo del recipiente y bate sin mover la batidora. No despegues del fondo la batidora hasta que los ingredientes empiecen a emulsionar.

4. Cuando la salsa ya empiece a tener el color y la consistencia de mayonesa, sigue batiendo delicadamente, y mueve la batidora de arriba a abajo.

5. Añade la sal y la mostaza y bate nuevamente hasta que se unan los ingredientes.

Leche merengada vegana

PORCIONES: -   PREPARACIÓN: *5 min.*   COCCIÓN: *5 min.*

2 tazas de leche de avellana o anacardo
½ limón, sólo la piel

1 ramita de canela
1 cucharadita de canela en polvo
2 o 3 cucharadas de xilitol o stevia

1. Pon la leche en una cazuela pequeña con la rama de canela, la piel de limón y el edulcorante. Llévalo a ebullición.

2. Deja hervir durante cinco minutos y agrega la canela en polvo.

3. Tapa la cazuela y deja reposar hasta que se enfríe.

4. Cuela la leche y ponla en una jarra. Tapa la jarra y guárdala en la nevera al menos un par de horas, para que se enfríe.

Leche de avena rápida

PORCIONES: -   PREPARACIÓN: *5 min.*   COCCIÓN: -

¾ taza de avena cruda arrollada
1 cucharada de xilitol de abedul o stevia, opcional

4 tazas de agua
½ cucharadita de canela, opcional
½ vaina de vainilla, opcional

1. Calienta 1 taza de agua hasta que hierva. Aparta del fuego.

2. Agrega la avena al agua caliente y deja reposar 30 minutos con una tapadera.

3. Tras 30 min, tritura la avena con 1 taza de agua en la batidora, durante 2 min.

4. Filtrar el compuesto a través de un colador de malla fina o de un filtro para leches vegetales.

5. La leche que se obtiene con este proceso es muy fuerte y un poco densa, agrégale 2 tazas de agua para diluirla. Opcionalmente, añade canela, semillas de vainilla y xilitol o stevia para aromatizar. Agita bien la leche y consérvala en la nevera.

"Queso" de okara de almendras

PORCIONES: -   PREPARACIÓN: *5 min.*   COCCIÓN: -

1 taza de okara de almendras (pulpa que queda al hacer leche de almendra)
Sal rosa del Himalaya

1 taza de leche de almendras
1 cucharada de zumo de limón
2 cucharadas de agar agar en polvo

1. En una cazuela, pon la okara de almendras, con la leche y deja que llegue a ebullición.

2. Cuando hierva, añade el agar agar, y deja hervir unos 5 minutos, removiendo.

3. Apaga el fuego y añade una pizca de sal y el zumo de limón.

4. Vierte en un molde para queso y deja enfriar en la nevera hasta que solidifique.

5. Esta es una versión básica de este queso, perfecta para usar en distintas preparaciones. Si quieres usar esta receta sola, puedes añadirle levadura nutricional o especias al gusto.

Mermelada de zanahoria

PORCIONES: -   PREPARACIÓN: *5 min.*   COCCIÓN: *45 min.*

4 tazas de zanahorias
½ limón
½ naranja, solo la piel

2 tazas de agua
½ taza de xilitol o stevia

1. Pela las zanahorias y trocéalas. Pon en la cazuela las zanahorias, el agua, el zumo de medio limón, el edulcorante y la piel rallada de media naranja.

2. Tapa la cazuela y cuece a fuego lento durante al menos media hora. Ves removiendo de vez en cuando.

3. Pon la cazuela sobre fuego lento y tápala. Cuece durante al menos media hora, removiendo de vez en cuando.

4. Cuando el líquido haya evaporado, pasa las zanahorias a la batidora y bate hasta que quede una mermelada homogénea.

Dulce de batata untable al cacao

PORCIONES: -   PREPARACIÓN: *5 min.*   COCCIÓN: *25 min.*

1 boniato grande
1 pizca de canela en polvo
1 o 2 cucharadas de agua

2 cucharadas de cacao crudo en polvo
1 o 2 cucharadas de xilitol o stevia

1. Lava el boniato, pélalo y córtalo en varios trozos.

2. Cuece el boniato al vapor, durante unos 20 o 25 minutos o hasta que esté perfectamente cocido.

3. Con la ayuda de una batidora, tritura el boniato cocido con el resto de los ingredientes hasta obtener una crema homogénea. Añade 1 cucharada más de agua si la consistencia es demasiado densa.

Merengue italiano sin azúcar

PORCIONES: *3 porciones*   PREPARACIÓN: *15 min.*   COCCIÓN: *5 min.*

3 claras de huevo
¼ taza de xilitol de abedul

2 o 3 cucharadas de agua
¼ cdta de crémor tártaro, opcional

1. En una cazuela, pon antes el agua y luego el xilitol. Pon la cazuela sobre fuego mediano hasta que empiece a hervir.

2. Pon un termómetro de cocina en la cazuela y espera que el sirope llegue a 118 °C y pon las claras y el cremor tártaro en un bol grande y empieza a batirlas hasta que queden a punto de nieve.

3. Cuando el sirope llegue a 121 °C, añade el sirope a las claras, muy poco a poco.

4. Sigue batiendo hasta que se enfríen completamente.

Nota: si no tienes termómetro, puedes calcular que el sirope llegará a la temperatura de 121 °C en aproximadamente 3 minutos.

Si sigues la DMA: Recetas básicas e imprescindibles

Receta	Fase	Porciones
Tarta salada de calabacín sin gluten	fase 1	3 porciones de grano 2 porciones de proteína
Mini panecillos de centeno y cebada	fase 1 y 3	F1: 4 porciones de grano F3: 8 porciones de grano
Pan de calabacín sin gluten	fase 1	2 porciones de proteína 4 porciones de grano
Bagels rápidos de garbanzos y quinoa	fase 3	8 porciones de grano 8 porciones de proteína 2 porciones de grasa
Mayonesa casera	fase 3	2 - 4 cdas corresponden a 1 porción de grasa
Leche merengada vegana	fase 3	1 taza corresponde a 1 porción de grasa
Leche de avena rápida	fase 1 y 3	1 taza corresponde a 1 porción de grano en f1 (la porción en fase 3 es la mitad)
"Queso" de okara de almendras	fase 3	4 porciones de grasa
Mermelada de zanahoria	fase 1 y 3	2 porciones de verdura
Dulce de batata untable al cacao	fase 1 y 3	2 porciones de verdura
Merengue italiano sin azúcar	todas las fases	1 porción de proteína (3 porciones de proteína para snack fase 2)

Índice alfabético de recetas

Alfajores mermelada de zanahoria y coco	98	Mini panecillos de centeno y cebada	108
Alfajores doble chocolate	100	Mousse vegana de calabaza	73
Áspic verde vegano	23	Muffins de algarroba, coco y aguacate	18
Bagels rápidos de garbanzos y quinoa	110	Natilla vegana de algarroba y lavanda	72
Barritas de malta con arándanos	8	New York cheesecake con frambuesas	88
Bizcochito vegano de leche merengada	82	Noodles con verduras de primavera	41
Bizcocho de naranja y canela	81	Palitos crujientes de tofu	71
Breakfast autumn casserole	13	Palitos de verduras especiados	70
Brécol salteado con semillas	39	Pan de calabacín sin gluten	109
Brookies proteicas	102	Pastiera napoletana vegana de espelta	90
Brownies sin gluten	83	Paté rojo vegano	69
Carpaccio de bacalao	49	Poke bowl de flétan y verduritas	59
Cheesecake vegano de lima y arándanos	86	Poke bowl de tempeh marinado	57
Chocolate especiado al estilo Maya	74	Pollo al vinagre balsámico con verduras	63
Crema de brócoli con pimientos asados	31	Porridge de teff con manzana	10
Crema de calabaza con lentejas especiadas	33	Pudding de tapioca con arándanos	11
Crema de pak choy y almendras	37	"Queso" de okara de almendras	115
Crema verde al tomillo con pollo marinado	35	Revuelto de mar y setas con aroma de limón	61
Curry de gambas, verduras y coco	52	Rollitos al estilo vietnamita	29
Curry vegano de garbanzos con arroz	51	Rollitos de salmón ahumado	27
Dulce de batata untable al cacao	117	Rosquillas de manzana y lavanda	9
Ensalada con sésamo blanco y negro	26	Shirataki con salsa de tofu y cúrcuma	43
Ensalada de colores	54	Smoothie de fresa con merengue italiano	15
Ensalada de fresa con vinagreta	24	Smoothie de plátano y algarroba	14
Ensalada fresca de atún	25	Strudel crujiente de kamut	92
Fajita bowl de pollo	62	Tarta de calabaza vegana	85
Falso yogur de limón	75	Tarta salada de calabacín sin gluten	107
Galletas de sésamo	95	Tempeh salteado con espárragos trigueros	55
Galletas especiadas con chocolate	96	Tortitas de almendras con cacao nibs	17
Hamburguesas de tofu y brócoli	64	Tortitas veganas con frutos secos y arándanos	16
Leche de avena rápida	114		
Leche merengada vegana	113		
Mayonesa casera	111		
Merengue italiano sin azúcar	118		
Mermelada de zanahoria	116		

Agradecimientos

Este libro no solamente es el fruto de mucho trabajo, sino que también representa un sueño que se cumple; así que quiero dar las gracias a todas las personas que han colaborado conmigo y me han ayudado a llevar a cabo este proyecto.
Quiero agradecer especialmente la ayuda de Amara, Eva, Irene, Joel, Montse, Nacho, Paco, Sila y, sobre todo, de Marc, mi pareja, que no solo me ha ayudado muchísimo, sino que me ha apoyado en todo momento y ha creído en mí, incluso cuando yo misma no lo hacía.

Quiero dar muchísimas gracias también a todas las personas que me habéis seguido y animado en estos años: sin vuestro apoyo y calor ahora mismo no estaría aquí. Así que, gracias a todos vosotros, en especial a Alice, Alma, Aurora, Ceci, Jenny, Lorena, Lourdes, Melissa, Montse B. e Ylcania.

Reservo un gracias especial a mi tía, Ana, por ofrecerse siempre a probar mis recetas, y a mi madre, Montserrat, por enseñarme a apreciar la tradición culinaria de todos los países.

¡Gracias infinitas a todos!

Acerca de la autora

Eloisa Faltoni es una Chef formada en la escuela
de Hostelería Hofmann de Barcelona, la creadora
del blog *Un Gato en la Cocina* y la autora del libro
Un Metabolismo Acelerado también en Navidad.

Cocinar es una de las cosas que más la motiva: siempre está en búsqueda de alimentos nuevos y curiosos, que aporten sabor y color a sus platos.
Se dedica principalmente a crear platos saludables para todos los gustos. Muchas de sus recetas son vegetarianas, veganas y sin gluten.

Es originaria de Roma, pero vive en Barcelona con su pareja y sus dos gatos.

Made in the USA
Las Vegas, NV
29 January 2021